Bernd Badegruber

Spiele zum Problemlösen

Band 1: für Kinder im Alter von 6 bis 12 Jahren

VER(I)TAS

Die Deutsche Bibliothek – CIP Einheitsaufnahme
Badegruber, Bernd
Spiele zum Problemlösen: für Einsteiger im Alter von
6 bis 12 Jahren / Bernd Badegruber. – 6. Aufl. –
Linz: Veritas 2000

ISBN 3-7058-0540-1

Aus Gründen der leichteren Lesbarkeit wurde auf
geschlechtsspezifische Formulierungen wie
Spielleiter/Spielleiterin oder
Mitspieler/Mitspielerin verzichtet.

© VERITAS-VERLAG Linz; alle Rechte, insbesondere das Recht der Verbreitung, auch durch Film, Fernsehen, fotomechanische Wiedergabe, Bild- und Tonträger jeder Art, oder auszugsweiser Nachdruck, vorbehalten.
6. Auflage (2000)
Gedruckt in Österreich auf umweltfreundlich hergestelltem Papier
Lektorat: Maria Weismann-Ploier, Wallern
Herstellung und Layout: Bernhard Kandolf, Linz
Umschlaggestaltung, Illustrationen: Alois Jesner – Graphikdesign
Satz, Montage, Druck, Bindung: LANDESVERLAG Druckservice, Linz

ISBN 3-7058-0540-1

Inhaltsübersicht

Spieleverzeichnis 4

Vorwort 6

1 Gedanken zum Spiel mit Kindern 7

2 Spieltherapie und Spielpädagogik 9

3 Zur Handhabung dieses Buches 10

4 Interaktionsspiele in diesem Buch 11

5 Ich-Spiele 15
5.1 Was mag ich 15
5.2 Was kann ich 19
5.3 Was nehme ich wahr 21

6 Du-Spiele 31
6.1 Dich kennenlernen 31
6.2 Dich wahrnehmen 36
6.3 Mit dir zusammenarbeiten 41

7 Wir Spiele 47
7.1 Aufwärmspiele für die Gruppe 47
7.2 Kooperationsspiele 51
7.3 Integration neuer Mitschüler 59
7.4 Helferspiele 65
7.5 Aggressionsspiele 84

8 Spielmethoden 102
8.1 Statuenspiel 102
8.2 Märchenspiel 109
8.3 Pantomimisches Spiel 115

Stichwortverzeichnis 116

Zum Weiterlesen 118

Folgende Abürzungen werden aus Platzgründen in diesem Buch verwendet:

E = Band 1 (Einsteigerband)

F = Band 2 (Fortgeschrittenenband)

Spieleverzeichnis

5 Ich-Spiele

- 5.1 Was mag ich 15
- 5.1.1 Dieses Bild mag ich 15
- 5.1.2 Das Hinlaufspiel 16
- 5.1.3 Das Wünschespiel 17
- 5.1.4 Das mag ich nicht 18
- 5.1.4 Die gute Fee 18

- 5.2 Was kann ich 19
- 5.2.1 Ich kann, ich kann nicht 19
- 5.2.2 Schau, was ich kann 20

- 5.3 Was nehme ich wahr 21
- 5.3.1 Den Raum wahrnehmen 21
- 5.3.2 Das Raumalphabet 22
- 5.3.3 Den Raum verändern 23
- 5.3.4 Material wahrnehmen 24
- 5.3.5 Gegenstände im Kreis weitergeben 25
- 5.3.6 Puzzleteile weitergeben 26
- 5.3.7 Geräusche wahrnehmen 26
- 5.3.8 Geräusche unterscheiden 27
- 5.3.9 Klänge wahrnehmen 28
- 5.3.10 Klänge unterscheiden 28
- 5.3.11 Klangeigenschaften sammeln 29
- 5.3.12 Klangmemory 30

6 Du-Spiele

- 6.1 Dich kennenlernen 31
- 6.1.1 Namen weiterflüstern 31
- 6.1.2 Namenkreuzworträtsel 32
- 6.1.3 Namensschriften sammeln 33
- 6.1.4 Autogramme sammeln 33
- 6.1.5 Namen aufbauen 34
- 6.1.6 Namensspiegel 34
- 6.1.7 Mein rechter Platz ist leer – einmal anders 35

- 6.2 Dich wahrnehmen 36
- 6.2.1 Du paßt zu mir 36
- 6.2.2 Du formst mich 36
- 6.2.3 Du spiegelst mich 37
- 6.2.4 Du zeichnest mich 38
- 6.2.5 Du bewegst mich 39
- 6.2.6 Du berührst mich 40

- 6.3 Mit dir zusammenarbeiten 41
- 6.3.1 Blickkontakt 41
- 6.3.2 Zwei Hände helfen zusammen 41
- 6.3.3 Zu zweit Müll einsammeln 42
- 6.3.4 Zu zweit Rekorde aufstellen 42
- 6.3.5 Zu zweit tanzen 43
- 6.3.6 Klatschspiele zu zweit 44
- 6.3.7 Zwei Zwillinge 45
- 6.3.8 Fairplay zu zweit 46

7 Wir-Spiele

- 7.1 Aufwärmspiele für die Gruppe 47
- 7.1.1 Luftballonspiel 47
- 7.1.2 Platzwechselspiel 48
- 7.1.3 Begrüßungsspiel 49
- 7.1.4 Begrüßung am Morgen 50

- 7.2 Kooperationsspiele 51
- 7.2.1 Gemeinsam auf einem Sessel 51
- 7.2.2 Gemeinsam sind wir leise 52
- 7.2.3 Gemeinsam sind wir laut 53
- 7.2.4 Gemeinsam sind wir schnell 54
- 7.2.5 Gemeinsam sind wir geschickt 55
- 7.2.6 Gemeinsam sind wir stark 56
- 7.2.7 Seilmannschaften 57
- 7.2.8 Papierschlange 58

- 7.3 Integration neuer Mitschüler 59
- 7.3.1 Das Aufweckspiel 59
- 7.3.2 Das Mengenspiel 61
- 7.3.3 Viele Fragen an den Neuen 62
- 7.3.4 Hier bin ich 63
- 7.3.5 Informationen für den Neuen 64

7.4	Helferspiele	65
7.4.1	Das Helfermemory	65
7.4.2	Das Trösterspiel	68
7.4.3	Das Helferspiel	70
7.4.4	Prüfungsangst	72
7.4.5	Das Hilfeschreispiel	74
7.4.6	Der Notfallkoffer	75
7.4.7	Ich bin in den Brunnen gefallen	76
7.4.8	Wir helfen dem Schwächsten	77
7.4.9	Bruder hilf!	78
7.4.10	Versteinert – erlöst	79
7.4.11	Das Schmerzschreispiel	80
7.4.12	Transporthilfe	81
7.4.13	Tragewettlauf	82
7.4.14	Das Schulbeginnspiel	83
7.5	Aggressionsspiele	84
7.5.1	Tiere im Urwald	84
7.5.2	Tauziehen	85
7.5.3	Das Ich-Du-Wir-Würfelspiel	86
7.5.4	Zeitlupenkampf	88
7.5.5	Wilde Tiere	90
7.5.6	Kriminalkommissar	92
7.5.7	Kampflinie	93
7.5.8	Die Friedenssprache	95
7.5.9	Die Beschuldigung	97
7.5.10	Schwellenangst	98
7.5.11	Geisterbahn	99
7.5.12	Vampir-Spiel	100
7.5.13	Wolf im Schafspelz	101

8 Spielmethoden

8.1	Statuenspiel	102
8.1.1	Versteinerte Heinzelmännchen	102
8.1.2	Figurenwerfen	103
8.1.3	Versteinern	103
8.1.4	Statuenpaare	104
8.1.5	Schaufensterpuppen	105
8.1.6	Wachsfigurenkabinett	106
8.1.7	Der Fotograf	107
8.1.8	Bilder bauen	108
8.1.9	Bildgeschichten in Dia-Technik	108
8.2	Märchenspiel	109
8.2.1	Märchenfigurenpaare	109
8.2.2	Eigenschaften von Märchenfiguren	110
8.2.3	Märchenfiguren ändern sich	111
8.2.4	Soziales Rollenspiel mit Märchen	112
8.3	Pantomimisches Spiel	115

Vorwort

Die Zunahme von Problemkindern schlägt sich in der Statistik der schulpsychologischen Beratungsstellen nieder. Diese wiederum sind auf die intensive Mitarbeit von Eltern, Lehrern und Erziehern angewiesen.
Das vorliegende Buch will diesen Erwachsenen eine Hilfe anbieten.
Problemkinder sind Kinder, die Probleme haben und deswegen Probleme machen. Sie leben in einer Gesellschaft, die diese Probleme geschaffen hat oder diesen Problemen zumindest hilflos gegenübersteht. Eine wesentliche Hilfe für das Kind wäre vorbildhaftes „Problemlösungsverhalten" der erwachsenen Bezugspersonen. Sehr häufig fehlen den Kindern jedoch die entsprechenden Vorbilder aus der Erwachsenenwelt.
Familiäre Probleme der Erwachsenen und einseitige Orientierung der Erwachsenen an materiellen und nicht humanen Wertvorstellungen sind dem Kind Hindernis statt Hilfe bei seinen Problemen.
Vielfach haben die Erwachsenen ähnliche Persönlichkeits- und Beziehungsprobleme wie die Kinder und Jugendlichen und stehen diesen ähnlich hilflos gegenüber. Das Kind braucht also andere Vorbilder, braucht Situationen mit Vorbildcharakter, die ihm Sicherheit geben können.
Es braucht die Gruppe, in der es soziales Verhalten erleben, ausprobieren und anwenden kann. Diese Gruppe kann eine Förder- oder Betreuungsgruppe oder eine Klasse sein. Die Methode ist der tägliche Umgang bei „Arbeit, Spaß und Spiel", oder – gelegentlich gezielt eingesetzt – das Spiel zum Problemlösen. Die Situation ist ein aktueller Konfliktfall in der Klasse, der im Spiel behandelt wird oder ein fiktives Problem, das vorbeugend behandelt wird. Spiele zum Problemlösen sind jedoch auch Spiele, die von vornherein die Gruppe oder Klasse stärken wollen, um zukünftigen Problemen mit Kraft und mit großer Problemlösungskompetenz begegnen zu können. Spiele zum Problemlösen kräftigen den einzelnen und kräftigen die Bande der Gruppenmitglieder zueinander. Wer in einer starken Gruppe geborgen ist, kann auch Problemen außerhalb der Gruppe besser begegnen.
Bei den *Ich-Spielen* findet in erster Linie Einwegkommunikation statt. Die wichtigste Fähigkeit ist, in sich hineinzuhören und das, was man dabei bemerkt, zu äußern.
Selbstverständlich hört man dabei auch den anderen beim Erzählen zu, reflektiert aber noch nicht gemeinsam über das Gesagte, stellt keine Fragen, gibt keine Antworten und keine Kommentare.
Die *Du-Spiele* haben Äußerungen als Schwerpunkt, die sich darauf beziehen, wie man den Partner empfindet. Man versucht, Näheres über den Partner zu erfahren, beobachtet, fragt, antwortet, kommentiert, hält dem Partner einen Spiegel hin. Man wird dabei noch etwas mehr mit sich selber vertraut, gewinnt aber auch Nähe zuerst zu einer, dann zu immer mehr Einzelpersonen der Gruppe.
Die *Wir-Spiele* haben als Schwerpunkt das Ziel, sich in der Gruppe orientieren zu können, die eigene Position in der Gruppe zu kennen, die Stärken und Schwächen der Gruppenmitglieder und der Gruppe als eigenes Wesen zu erkennen und nützen zu können. Es kommt auch zu der Erfahrung, daß sich die Gruppe ändert, daß die Eigenschaften der Gruppe schwanken. Positionen, Beziehungen, Stimmungen, Potentiale in der Gruppe sind teilweise stabil, andererseits aber situationsabhängig.
Das Gruppenmitglied lernt bei den Wir-Spielen die Unterschiede zwischen der eigenen Gruppe und anderen Gruppen zu erkennen, andere Gruppen einzuschätzen und auch zu akzeptieren.

1 Gedanken zum Spiel mit Kindern

Wodurch wird eine Tätigkeit zum Spiel?

Wenn eine Tätigkeit um ihrer selbst willen durchgeführt wird, einfach, weil es Spaß macht sie zu tun, dann ist es Spiel. Nicht die Produktion im Sinn von Broterwerb oder Lebenskampf steht im Vordergrund. Es ist die Freude an einem Tun, bei dem das Ergebnis von nebensächlicher Bedeutung ist. Das Spiel hat unendliche Variationsmöglichkeiten; werden die Grenzen der Möglichkeiten, die durch Spielregeln festgelegt sind, überschritten, so hat es keine ernsten Konsequenzen. Die Konsequenz besteht lediglich in persönlicher Befriedigung von Spannung und Entspannung. Die unendlichen Variationsmöglichkeiten bieten dem Kind die Möglichkeit des Experimentierens. Mit Hilfe dieser Experimente kann das Kind seine Umwelt erfahren und bewältigen. Vorerfahrungen der anderen Menschen sind in Form von Regeln eingebaut. Experimente und Regeln sollen insgesamt in einem ausgeglichenen Verhältnis zueinander stehen. Auf diesen Umstand versucht dieses Buch einzugehen.

Aus dieser Definition des Spiels leite ich die folgenden fünf Merkmale ab, die ein Spiel weitgehend erfüllen muß, um den Anspruch auf die Bezeichnung „Spiel" zu haben.

Die 5 Merkmale eines Spiels

○ Zweckfreiheit:

Wenn es dem Kind nicht einsichtig ist, daß es aus einer Tätigkeit etwas lernen soll, ist diese Tätigkeit für das Kind ein Spiel. Das „Lernspiel" und „spielerisches Arbeiten" gibt es also nur in der Gedankenwelt der Erwachsenen. Der Erwachsene kann also durch „Zielkontrolle" ein Kinderspiel zu „Arbeit" werden lassen. Der Erwachsene weiß, daß das Kind aus Spielen lernt, daß das Spiel also einen Zweck hat. Dem Kind darf diese Tatsache jedoch egal sein. Es spielt, um sich zu entspannen oder um Spannung zu erleben.

○ Zwanglosigkeit:

Es gibt kein „Muß" beim Spielen. Man kann das Spiel beenden, wann man will. Niemand kann zu einem Spiel gezwungen werden. Die Mitspieler können zwar die Nase rümpfen, wenn einer nicht mitspielen will oder vorzeitig aus einem Spiel aussteigt, mit Gewalt zurückhalten dürfen sie ihn nicht. Das heißt für den Lehrer und Gruppenleiter: Niemand darf zum Spiel gezwungen werden!

○ Variationsmöglichkeit:

Die Regeln können im Einzelspiel jederzeit und im Gruppenspiel nach Absprache verändert werden. Regeln flexibel ändern, Regeln erfinden, Regeln anpassen, fördert die Intelligenz und die Kreativität.

○ Innere Spannung:

Darunter verstehe ich intensives Erleben von Gefühlen: Freude, Erwartung, Hoffnung, Ärger, Angst, Erleichterung, Ungewißheit, Glücksgefühl, Zusammengehörigkeitsgefühl, Aggression, . . .

Diese Gefühle werden einerseits intensiv erlebt, andererseits durch den Gedanken „Es ist ja nur ein Spiel" entschärft. Man lernt dadurch, mit Spannungen positiv umzugehen.

Ein Spiel, das diese Spannung nicht enthält, wird vom Kind nicht als Spiel empfunden, es ist in den Augen des Kindes bestenfalls eine Übung oder eine Beschäftigung. Sicherlich können einige der von mir gegebenen Spielvorschläge so durchgeführt werden, daß sie „Übungen zum Problemlösen" sind – auch diese Form des sozialen Lernens ist sinnvoll. Der Pädagoge bzw. Spielleiter muß sich dann aber seiner Rolle als „Übungsleiter" bewußt sein. Die Regeln der Zweckfreiheit, der Zwanglosigkeit und der Inneren Spannung fallen bei Übungen weg.

○ Experimentieren:

Ein Spiel ist dann tatsächlich Spiel, wenn es mehrere Möglichkeiten gibt, das Spiel zu bewältigen. Es gibt verschiedene Spieltaktiken, Anwendungsmöglichkeiten, Regeldeutungen. Die Möglichkeit des Experimentierens ist eine Möglichkeit des selbständigen Lernens. Spiele, die viele Möglichkeiten des Experimentierens, des Erfindens, der Kreativität beinhalten, verdienen das Prädikat „Lernspiel" im positiven Sinn.

Die Ziele, die das Kind im Spiel erreichen kann, aber nicht bewußt, sondern zweckfrei verfolgt, werden von diversen Spieltheorien verschieden definiert und werden von mir im Folgenden kurz zusammengefaßt:

Ziele von Spielen

○ Experimentieren und Erfahren von Funktionen (u. a. Piaget)
○ Einüben und Automatisieren (u. a. Piaget, Hall, Groos)
○ Regeln kennenlernen und praktizieren (u. a. Piaget)
○ Triebbewältigung (u. a. Hall)
○ Macht erfahren und Macht ausüben (u. a. Adler)
○ Katharsis, Läuterung (u. a. Freud)
○ Kognitives Lernen (u. a. Piaget)
○ Aktivierung (u. a. Heckhausen)
○ Kräfteüberschuß abbauen (u. a. Spencer)

2 Spieltherapie und Spielpädagogik

Der Spielpädagoge setzt das Spiel bewußt im Umgang mit gesunden Kindern ein. Er hilft ihnen, mit dem Spielangebot aktuelle Situationen (Konflikte, Probleme) zu verstehen und zu bewältigen. Durch das Spiel wird das Kind auch auf zukünftige Situationen (mögliche Konflikte und Probleme) vorbereitet. Keineswegs ist es Aufgabe des Spielpädagogen, heilende Maßnahmen für Probleme und Konflikte zu setzen, deren Ursache in der Vergangenheit liegt. Diese Aufgabe möchte ich den Spieltherapeuten überlassen.

Im folgenden zitiere ich Zulliger (H. Goetze und W. Jaede, Die nicht-direktive Spieltherapie, Frankfurt 1988, S. 32), dessen Definition des Spiels der Sichtweise der in diesem Buch von mir angeführten Spiele am nächsten kommt:

„Für Zulliger wird das Kind durch das Spiel selbst geheilt; der Therapeut greift immer dann ein, wenn er eine Möglichkeit sieht, das Spiel des Kindes aktiv voranzutreiben und weiterzuentwickeln. Der Therapeut kann also im Sinne von Zulliger eigene Impulse geben, Materialien herstellen und die Situation überhaupt so arrangieren und strukturieren, wie er es für richtig hält. Auf diese Weise sollen dem Kind Möglichkeiten gegeben werden, mit Hilfe des Spielangebots und der Spielanregungen emotionale Spannungen abzubauen und soziale Konflikte zu lösen, und zwar mit dem Therapeuten als Spielpartner und durch eigene Spielaktivitäten, die in zunehmendem Maße konstruktiv werden. Zulliger bevorzugte also eine reine Spieltherapie ohne Deutungen dem Kind gegenüber, variiert dafür aber in hohem Ausmaß das Angebot von Spielen und Spielpraktiken."

Das Verhalten Zulligers in Spielsituationen finde ich nicht nur dem zu heilenden Kind gegenüber angebracht, es kann auch etwa dem Verhalten des Pädagogen im Spiel mit gesunden Kindern, die Konfliktbewältigung oder Problemlösung praktizieren, entsprechen.

An dieser Stelle möchte ich meine Abgrenzung von Therapie und Pädagogik darlegen. Dieses Buch hat nicht einen therapeutischen, sondern einen pädagogischen Anspruch, was nicht bedeuten soll, daß die Spiele von Therapeuten nicht in therapeutischem Sinn verwendet werden können.

Die Rolle des Spielleiters

Jürgen Fritz (J. Fritz, Methoden des sozialen Lernens, München 1981, S. 43) zitiert Daublebsky (B. Daublebsky, Spielen in der Schule, Stuttgart 1973), mit dessen Hinweisen für den Spielleiter, um bei den Spielen zu optimalen Ergebnissen zu kommen:

○ Lehrer und Erzieher, die mit Kindern spielen wollen, müssen sich klar darüber sein, daß sie den Kindern keine Gnade erweisen.

○ Der Spielleiter muß immer versuchen, einzelnen zu helfen, aber er darf die Kinder dabei nicht zu stark an sich binden.

○ Der Spielleiter hat die Aufgabe, Gruppen vor unbewältigbaren Schwierigkeiten zu bewahren, darf sie aber nicht zu stark schützen, sondern muß sie soweit wie möglich ihre eigenen Erfahrungen machen lassen.

○ Die Kinder sollen sich frei gruppieren dürfen, aber der Spielleiter muß denen, die nicht gewählt werden, helfen.

○ Der Spielleiter sollte versuchen, soweit wie möglich die Konkurrenzhaltung der Kinder abzubauen.

○ Der Spielleiter muß eine offene Atmosphäre schaffen, und durch sein eigenes Verhalten dazu beitragen, daß die Kinder einander gegenseitig helfen können.

3 Zur Handhabung dieses Buches

1. Weg: Chronologisches Vorgehen

Die Spiele beginnen mit lit. 5 „Ich-Spiele". Es können einige oder alle „Ich-Spiele" gespielt werden, um dann mit lit. 6, den „Du-Spielen", und dann mit lit. 7 usw. fortzusetzen. Aufwärmspiele für die Gruppe (lit. 7.1 und Spiele, die im Stichwortverzeichnis unter „Aufwärmen" zu finden sind) können immer zu Beginn oder zwischendurch eingesetzt werden.

2. Weg: Von einem Schwerpunkt ausgehen

Sie beginnen nach einigen Aufwärmspielen mit einem beliebigen Kapitel, das Ihnen momentan am Herzen liegt.
Beispiel: Sie beginnen mit lit. 7.5 „Aggressionsspiele". Sie erarbeiten mit den Kindern das Phänomen „Aggression" und betrachten es anschließend von der präventiven Seite. Sie spielen dann: „Helferspiele", „Kooperationsspiele", „Integrationsspiele" und „Beziehungsspiele".

3. Weg: Von einem Stichwort ausgehen

Sie wollen ein bestimmtes Phänomen behandeln, das möglicherweise im Inhaltsverzeichnis nicht aufscheint.
Beispiel: „Berührung". Im Stichwortverzeichnis werden Sie viele Hinweise auf Spiele finden, die in verschiedensten Kapiteln vorkommen und bei denen Berührung und Körperkontakt im Spiel enthalten sind.

4. Weg: Schwerpunktthemen durch Stichworthinweise ergänzen

Wie beim 2. Weg beginnen Sie nach einigen Aufwärmspielen mit einem beliebigen Kapitel.
Beispiel: 7.2 „Kooperationsspiele"
Sie setzen nach den Spielen dieses Kapitels mit Kooperationsspielen aus anderen Kapiteln fort. Sie finden diese Spiele im Stichwortverzeichnis.

5. Weg: Die „Weiterspielvorschläge" verfolgen

Am Ende eines jeden Spiels finden Sie „Weiterspielvorschläge". Diese führen Sie entweder zu den Spielen auf den Nachbarseiten des Buches oder geleiten Sie zu Spielen quer durch das Buch, die ähnliche Ziele, Spielmethoden, Spielmaterialien oder Spielerkonstellationen verfolgen.
Beispiele: Sie kommen von einem Partnerspiel zu anderen Partnerspielen. Sie kommen vom „Personenversteinern" zu Spielen mit echten Steinen. Sie vergleichen nach einem Gesprächsspiel dieses mit einem pantomimischen Spiel. Sie spielen nach einem Partnerbeobachtungsspiel auch andere Wahrnehmungsspiele.
Sie können die „Weiterspielvorschläge" in der angegebenen Reihenfolge spielen. Sie können aber auch bei einem beliebigen Weiterspielvorschlag hängenbleiben und die wiederum dort angegebenen Weiterspielvorschläge verfolgen, wobei Sie sich vom Ausgangspunkt weiter entfernen und das Spielprogramm an Vielfalt gewinnt.

4 Interaktionsspiele in diesem Buch

Wahrnehmungs- und Sinnesspiele

Die Spieler schulen dabei ihre Sinnestätigkeiten: Sehen, Hören, Riechen, Tasten, Schmecken, Gleichgewicht. Diese Tätigkeiten sind für die Interaktion oft wichtige Voraussetzung: Ich kann mit dir kein Würfelspiel spielen, wenn ich das Würfelbild nicht erkennen kann. Ich kann nicht hören, was du sagst, also kann ich auf deine Worte nicht reagieren.

Soziale Wahrnehmungsspiele

Es gibt Wahrnehmungsspiele, die sich auf den Partner oder auf die Gruppe beziehen. Ich brauche für die Bewältigung des Wahrnehmungsmaterials andere Menschen oder die anderen Menschen selber sind Gegenstand meiner Wahrnehmung: andere Menschen genau anschauen, hören, fühlen, wiedererkennen.
Soziale Wahrnehmungsspiele beschäftigen sich jedoch auch mit der Beobachtung von Gruppen, von Positionen in Gruppen und von Situationen, in denen sich Gruppen befinden. Der Spieler lernt, Veränderungen und Regelmäßigkeiten in Gruppen und Gruppenprozessen zu bemerken.

Emotionale Wahrnehmungsspiele

Hier lernt der Spieler seine Gefühle zu beobachten und zu interpretieren. Er beobachtet, wie er sich in verschiedenen Situationen fühlt, lernt Gefühlsnuancen und Gefühlsstärken kennen und damit umzugehen.
Er lernt aber auch die Gefühle der Mitmenschen zu beobachten und zu interpretieren, mit dem Ziel, damit umgehen zu können. Ein beträchtlicher Teil dieser Spiele sind Selbsterfahrungsspiele.

Bewegungsspiele

Ihr Ziel ist im Rahmen der Interaktionsspiele, entweder durch auflockernde Bewegung Interaktionshemmungen abzubauen, oder durch Bewegungstraining den Körper auf gemeinsame Bewegungsspiele vorzubereiten. Bewegungsspiele können auch Selbsterfahrungsspiele sein.

Konzentrations- und Entspannungsspiele

Sie helfen der Gruppe bei der Einstimmung aufeinander, oder sie können nach anstrengenden Interaktionsspielen den Spieler wieder entspannen und in seine Individualität entlassen. Als solche Spiele können u. a. Wahrnehmungsspiele, Stilleübungen, Phantasieübungen und Bewegungsspiele dienen.

Aufwärm- oder Eisbrecherspiele

Während Konzentrations- und Stilleübungen unruhige, „überdrehte" Gruppen darauf vorbereiten, sich in Ruhe auf die anderen Gruppenmitglieder und auf die gemeinsam zu bewältigenden Aufgaben zu konzentrieren, sorgen diese Spiele für „Unruhe". Sie bauen Hemmungen, Sprech- und Bewegungsängste ab, bringen Schwung und Körperkontakt in die Gruppe.

Gestaltungsspiele

Im Rahmen dieser Spiele soll durch verschiedene Gestaltungsmittel den anderen Menschen Einblick in den Mitspieler gegeben werden. Mit Hilfe verschiedener Spielmaterialien wird aber auch die materielle und soziale Umwelt dargestellt und umgestaltet. Steine, Puppen, Zeitungen, Bauklötze usw. geben uns die Möglichkeit, uns zu artikulieren und mit der Umwelt zu experimentieren.

Sprachspiele

Spiele zur Sprachaktivierung wollen „die Zunge lösen", Schrei-, Ruf-, Laut-, Nonsenssprachspiele sollen die Artikulation fördern; Frage-, Antwort- und Erzählspiele wollen die Kommunikation schulen. Sprachspiele bereiten auch andere Interaktionsspiele, bei denen Sprache ebenfalls wichtig sein kann, vor.

Körperspiele

Die Angst vor Körperkontakt soll dabei abgebaut werden. Mit Körperberührung sollen die Kinder dosiert umgehen lernen. Die Erfahrung des eigenen Körpers gehört zur Selbsterfahrung. Die körperliche Selbsterfahrung ist Hilfe beim kompetenten Umgang mit dem Körper anderer. Auch Sinnesspiele und Bewegungsspiele haben ihren Anteil an der Körpererfahrung.

Reaktionsspiele

Reaktionsspiele sind dann auch Interaktionsspiele, wenn ein Mitspieler auf den Reiz, den jemand anderer aussendet, reagiert. Diese Reaktion kann mimisch, gestisch oder sprachlich erfolgen.

Kreisspiele

Fast alle hier angeführten Spiele beginnen mit dem Sesselkreis. Manchmal sitzen wir auch am Boden, oder wir stehen im Kreis, wobei mit den Kindern meist der Kreis durch Handhaltung geschlossen wird. Der Kreis vermittelt Blickkontakt mit allen Mitspielern, keiner ist ausgeschlossen, wir haben das Gefühl der Gemeinschaft. Viele Spielvorhaben lassen sich im Kreis übersichtlich organisieren und durchführen. Die Aktionen einzelner können von allen gut mitverfolgt werden. Für besondere Aktionen steht die Kreismitte zur Verfügung. Sind alle in der Mitte des Sesselkreises, grenzen die Sessel gut den Spielraum ab.

Fangen-, Ball- und Laufspiele

Diesbezügliche Spielvorschläge dienen in diesem Buch in erster Linie dazu, Themen wie Angst, Aggressivität, Kampf, Wettbewerb, aber auch Helfen, Kooperation, Glück, Sieg und Niederlage zu bearbeiten und zu bewältigen.

Helferspiele

Die Spieler müssen zusammenhelfen, um das in der Spielregel geforderte Ziel zu erreichen. Alle gewinnen oder verlieren gemeinsam. Während des Spiels überwiegt das Gefühl der Freude am gegenseitigen Helfen und die Freude am Unterstütztwerden.

Über das Spiel hinaus wirkt das Gefühl der Gemeinsamkeit, des Vertrauens, der Angstfreiheit, des Teamgeists, des Erfolges. Verlieren verliert seinen Schrecken, denn als Gegenleistung hat man das Gefühl der Gemeinsamkeit.

Glücksspiele

Während des Spiels überwiegen die Gefühle der positiven Überraschung oder der Enttäuschung. Der Spieler ist „Wechselbädern" ausgesetzt. Unsichere, ängstliche Kinder können darunter leiden. Trostpreise oder besonders innige Teilnahme am „Pech" können helfen zu lernen, mit diesen Gefühlen zu Rande zu kommen.

Nach dem Spiel können Reste von Erleichterung, Freude, Trauer, Enttäuschung, Ärger, Erfolg übrigbleiben.

Kinder, die unter psychischer Spannung stehen, lassen eventuell nach dem Spiel Dampf ab. Andere nähren die irreale Auffassung „Ich bin immer der Pechvogel".

Wettbewerbsspiele

Während des Spiels überwiegen die Gefühle des Stark- oder Schwachseins. Man gewinnt, weil man etwas besser kann als ein anderer. Man verliert, weil man etwas schlechter kann als ein anderer. Nach dem Spiel ist das Selbstbewußtsein gestärkt, Stolz und Überheblichkeit können auftreten, oder es bleibt ein Gefühl des Versagens, des Ärgers, der Unterlegenheit, der Erniedrigung bis hin zu Rachegefühlen.

Es hängt stark vom Sieger ab, ob er durch starkes Hervorheben des Sieges oder gar durch Spott die negativen Gefühle verstärkt. Als besonders negative Wirkung von Wettbewerbsspielen kann die Generalisierung passieren: „Ich bin ohnehin immer der Dumme, der Ungeschickte, der Schwache." Wenn es gelingt, Wettbewerbsspiele ohne negative Gefühle zu verlieren, kann positives Lernen für „Verlierersituationen" im Alltag stattfinden. Wiederum hängt das stark von den Fähigkeiten des beteiligten Erwachsenen ab.

Kampfspiele

Sie sind dadurch charakterisiert, daß die Spieler einander Fallen stellen, sich gegenseitig rauswerfen können, sich gegenseitig Hindernisse in den Weg legen, oder dem anderen etwas wegnehmen. Das Gefühl von Aggression und Defension, Angst, Rache und Mißtrauen überwiegt während des Spiels. Die Gefühle können nach dem Spiel ähnlich wie beim Wettbewerbsspiel sein, doch richten sich die negativen Gefühle verstärkt auf die anderen Menschen: „Alle sind so gemein zu mir. Alle sind gegen mich."

Auch eine falsche Selbsteinschätzung kann passieren: „Nicht, weil ich ungeschickt war, habe ich verloren, sondern weil die anderen böse sind."

Bei diesen Spielen fällt es dem beteiligten Erwachsenen am schwersten, derartige Generalisierungen abzubauen, weil vielleicht sogar er selbst „gemein" gespielt hat. Andererseits kann, soweit eine freundschaftliche Beziehung herrscht, dies am ehesten akzeptiert werden. Das Kind schmerzt es nämlich ärger, von einem Jüngeren oder Gleichaltrigen besiegt zu werden, als von einem Älteren. Insofern kann das Spiel des Kindes gegen einen Erwachsenen als geeignete Übergangsstufe angesehen werden.

Rollenspiel

Das Rollenspiel ist eine Methode, Rollen zu erforschen und mit ihnen zu experimentieren. Der Rollenspieler hat die Möglichkeit, Rollen zu ändern. Die Fähigkeit Rollen zu ändern, ist für die Entwicklung des Menschen von großer Bedeutung.

Im Rollenspiel kann der Spieler sich selber oder andere Menschen spielen, er kann sich somit selber erforschen, mit sich selber experimentieren oder sich selber ändern. Spielt er andere Personen, kann er deren Rolle erforschen, und, soweit er die Möglichkeit hat, im Gespräch mit ihnen oder – sofern sie Zuschauer sind, durch das „Vorhalten eines Spiegels", zu deren Veränderung beitragen. Rollenspiel ist immer ein „als ob"-Spiel.

Man spielt entweder „als ob" man eine andere Person wäre oder „als ob" man in einer nicht existenten Situation wäre, oder „als ob" die Situation jetzt Realität wäre, obwohl sie sich in der Vergangenheit ereignet hat oder sich erst in der Zukunft ereignen wird. Das „als ob" kann sich auch auf einen nicht existenten Ort beziehen. Das Rollenspiel kann der Realität sehr nahe oder von ihr weit entfernt sein. Das Rollenspiel kann also große Anteile an Freiheit haben.

Je mehr Freiheit beim Rollenspiel (und somit wenig Zwang zum realitätsgetreuen Nachvollziehen) besteht, umso mehr hat diese Lernform die Bezeichnung „Spiel" verdient und umso mehr ist diese Lernform eine kindgemäße Form. Insofern soll von dramatisierten Texten Abstand genommen werden und das soziale Lernen im Vordergrund stehen, es sei denn, der Text darf von den Rollenspielern frei – bis zur Unkenntlichkeit – verändert werden.

Körperlicher Ausdruck, Geschicklichkeit, sprachliche Intensität, Sprachgewandtheit, Wahrnehmung und Bewegungsfähigkeit sind besonderen Anforderungen ausgesetzt.

Besondere Formen des Rollenspiels:

○ Das Stegreifspiel: Die Spieler haben keine Textvorlage. In einer kurzen Besprechung wird festgelegt: Wer? Wie alt? Welcher Beruf? Welche Eigenschaften? Welche Absicht? Dann geht das Spiel „aus dem Stegreif" ohne Probe los.

○ Die Improvisation: Ohne Besprechung und Probe wird aufgrund eines Impulses (drei Gegenstände, die in der Kreismitte liegen, eine Melodie, ein Gedicht, ein Sprichwort) gespielt.

○ Puppenspiel (mit und ohne Bühne)

○ Maskenspiel

○ Planspiel

○ Figurenschattenspiel

○ Menschenschattenspiel

○ Pantomimisches Spiel

ICH-SPIELE — Was mag ich

5 Ich-Spiele

5.1 Was mag ich

5.1.1 *Dieses Bild mag ich*

ZIELE

Eigenbild entwickeln
Sich vorstellen

SPIELABLAUF

In der Mitte des Sesselkreises liegt eine große Anzahl von Bildern in Postkartengröße (Haus, Schmetterling, Prinzessin, gedeckter Tisch, Sonne, . . .) zur Auswahl.
Jeder Mitspieler schaut, welche Bilder ihm gefallen. Nun kommt jeder reihum dran, nimmt ein Bild und sagt dazu, warum er das Bild mag. Man kann auch zu einem Bild Stellung nehmen, das bereits ein anderer Spieler an sich genommen hat.

BEISPIELE

„Ich heiße Bernhard. Ich habe mir dieses Bild mit der Sonne ausgesucht, weil ich gerne in der Sonne liege." „Ich heiße Susi und habe mir ebenfalls das Bild mit der Sonne ausgesucht, weil es mich an meinen Urlaub in Italien erinnert."

VARIANTE

Beim Aussuchen der Bilder gehen anfangs alle zwischen den Bildern, die genügend weit verstreut am Boden liegen, umher. Sanfte Musik begleitet sie.

REFLEXION

Hat jemand ähnliche Vorlieben in der Gruppe? Hatte ich Schwierigkeiten, etwas auszuwählen?

HINWEISE

Für das Kind ist es nicht sonderlich schwierig oder peinlich zu sagen, was es mag. Schwieriger wäre es, gleich anfangs einer Gruppe mitzuteilen, wie man ist. Bei Gruppen, wo die Namen untereinander durchwegs bekannt sind, kann das Vorstellen mit dem Namen wegfallen. Kommt ein neues Kind in die Gruppe, kann dieses Spiel jedoch noch einmal als Vorstellspiel gespielt werden.

WEITERSPIELEN

E 5*
Ich-Spiele

E 6.1
Dich kennenlernen

E 7.3
Integration neuer Mitschüler

E 7.1
Aufwärmspiele für die Gruppe

E 5.1
Was fühle ich

*E = Spiele zum Problemlösen, Band 1

ICH-SPIELE — Was mag ich

5.1.2 Das Hinlaufspiel

ZIELE

Sich Personen merken
Kontaktaufnahme
Aufwärmen

SPIELABLAUF

Nach einer Vorstellrunde stellt nun ein Mitspieler ein Rätsel.

BEISPIELE

„Er heißt Martin."
Oder: „Sie hat die Sonne gern."
Die anderen laufen so schnell wie möglich auf die Person zu, die gemeint ist, und schütteln ihr die rechte Hand. Wem dies als erster gelingt, der darf das nächste Rätsel stellen.

VARIANTE

Alle spazieren nach der Vorstellrunde durcheinander. Während des Umherspazierens wird das nächste Rätsel gestellt.

HINWEIS

Beim Loslaufen müssen Zusammenstöße vermieden werden.

WEITERSPIELEN
E 5.1.4
Das mag ich nicht
E 5.2
Was kann ich

16

ICH-SPIELE — Was mag ich

5.1.3 Das Wünschespiel

ZIELE

Wünsche äußern
Wünsche erfüllen
Freigiebigkeit
Verzichten
Erfahren, daß Wünsche aufschiebbar sind

SPIELABLAUF

Nach dem Spiel 5.1.1 „Dieses Bild mag ich" hat jeder Mitspieler ein Bild in der Hand. Nur ein Mitspieler legt sein Bild weg. Er beginnt mit dem Wünschen:

BEISPIEL

„Meine Hand ist leer, ich wünsche mir das Bild mit der Sonne her." Der Besitzer darf sich nun seinerseits ein anderes Bild herwünschen.

VARIANTE

Jeder Mitspieler dreht sein Bild um. Wer sich nun ein Bild wünscht, muß auch den Namen des Mitspielers sagen, der dieses in der Hand hält.

HINWEIS

Bei diesem Spiel erfahren manche Mitspieler, daß ihre ursprüngliche Enttäuschung, nicht das gewünschte Bild bekommen zu haben, verfrüht war. Wünsche sind aufschiebbar, sie können später in Erfüllung gehen.

WEITERSPIELEN

E 5.1.4
Das mag ich nicht

E 6.1.7
Mein rechter Platz ist leer – einmal anders

F 5.3.1*
Zeitungsanzeigen

F 7.4.2
Geburtstagsparty

F 6.1.13
Das Geschenkespiel

*F = Spiele zum Problemlösen, Band 2

ICH-SPIELE — Was mag ich

5.1.4 *Das mag ich nicht*

ZIELE

Abneigungen äußern
Gemeinsamkeiten erfahren
Abneigungen durch „Wegwerfen" kompensieren

SPIELABLAUF

Aus einer großen Bildermenge (siehe auch unter 5.1.1 „Dieses Bild mag ich") nimmt jeder Mitspieler ein Bild, das unter Umständen für ihn etwas Negatives bedeuten könnte. Der Mitspieler begründet seine Wahl und wirft dann das Bild in den „Hut der bösen Fee".

BEISPIEL

„Ich mag den Regenschirm nicht, weil er mich an das Regenwetter erinnert."
Wenn nun jeder Mitspieler sein Kärtchen in den Hut geworfen hat, erfolgt das Spiel 5.1.2 „Das Hinlaufspiel" oder 5.1.5 „Die gute Fee".

WEITERSPIELEN

E 5.1.5
Die gute Fee
E 5.1.2
Das Hinlaufspiel
F 5.3.4
Die Ich-Ausstellung

5.1.5 *Die gute Fee*

ZIELE

Klischees abbauen
Etwas positiv sehen können
Abneigungen abbauen
Veränderungen annehmen können

SPIELABLAUF

Jeder zieht aus dem „Hut der bösen Fee" (siehe auch Spiel 5.1.4 „Das mag ich nicht") ein Bild.
Der Spieler macht aus der negativen Bedeutung des Bildes etwas Positives.

BEISPIEL

„Der Regenschirm erinnert mich an schlechtes Wetter, doch wir beide können unter dem Schirm nett plaudern."
Wer will dieses Bild nun als Geschenk?

ROLLENSPIEL

Dornröschen (eventuell in Dia-Technik, siehe Spiel 8.1.9 „Bildgeschichten in Dia-Technik", oder 8.2 „Märchenspiel")

WEITERSPIELEN

E 5.2
Was kann ich
E 8.1.3
Versteinern
E 7.3.5
Informationen für den Neuen

ICH-SPIELE

5.2 Was kann ich

5.2.1 *Ich kann, ich kann nicht*

ZIELE

Selbstwertgefühl steigern
Schwächen zugeben
Ehrlichkeit
Falsche Bescheidenheit vermeiden
Verständnis für Behinderungen
Angeberei durchschauen
Vertrauen in die Gruppe bekommen

SPIELABLAUF

Reihum stellt sich jeder Mitspieler vor und sagt eine Sache, die er kann und eine Sache, die er nicht kann.

BEISPIEL

„Ich heiße Phillipp, kann gut zeichnen, aber nicht so gut rechnen."

HINWEIS

Es gibt Mitspieler, die nur etwas Positives oder nur etwas Negatives von sich sagen wollen. Die Behauptung, nur diese eine Sache zu wissen, ist unwahr: Jeder Mensch kann manche Dinge gut und andere Dinge weniger gut.
Als Spielleiter bestehe ich bei diesem Spiel auf beide Aspekte.

REFLEXION

Welche Äußerung fiel dir leichter?
Glaubst du, daß du selbstbewußt bist?
Kennst du jemanden, der sehr selbstbewußt ist?
Wie wird man selbstbewußt?
Wie kannst du Fähigkeiten fördern?
Wie kannst du Defizite abbauen?
Muß man versuchen, alle Defizite abzubauen?
Kennst du jemanden mit übersteigertem Selbstwertgefühl?

ROLLENSPIEL

- Ich kann nichts.
- Du Angeber, jetzt hast du dich aber blamiert!
- Ich habe nicht gedacht, daß ich das schaffe.

WEITERSPIELEN

E 5.2.2
Schau, was ich kann

E 6.3
Mit dir zusammenarbeiten

E 7.2
Kooperationsspiele

E 7.3
Integration neuer Mitschüler

E 7.4
Helferspiele

E 8.2.3
Märchenfiguren ändern sich

F 5.3
Wie bin ich

F 6.2
Dich wahrnehmen

F 7.2.2
Wir haben alle gleiche Eigenschaften

F 7.3
Integrationsspiele

F 7.5.2
Wahlkampf

ICH-SPIELE — Was kann ich

5.2.2 Schau, was ich kann

WEITERSPIELEN

E 5.2.1
Ich kann, ich kann nicht

E 5.3.1
Den Raum wahrnehmen

E 6
Du-Spiele

E 8.3
Pantomimisches Spiel

E 7.5.8
Die Friedenssprache

F 5.3
Wie bin ich

F 6.2
Dich wahrnehmen

F 7.3
Integrationsspiele

F 7.5.7
Imponiergehabe der Streithähne

ZIELE

Soziale Wahrnehmung schulen
Optische Wahrnehmung schulen
Selbstwertgefühl steigern
Falsche Bescheidenheit vermeiden

SPIELABLAUF

Ein Spieler zeigt pantomimisch vor, was er gut kann.

BEISPIEL

Grimassenschneiden
Wer zuerst errät, was dieser Mitspieler darstellen möchte, zeigt nun pantomimisch, was er selber gut kann.

REFLEXION

Was fällt dir leichter: der verbale Ausdruck oder das pantomimische Darstellen?

ICH-SPIELE

5.3 Was nehme ich wahr

5.3.1 Den Raum wahrnehmen

ZIELE

Sinnesschulung
Gruppengefühl festigen
Selbsterfahrung
Veränderungen erkennen

SPIELABLAUF

„Nicht allen Menschen fällt das gleiche auf, wenn sie einen Raum betreten. Manchen ist eine einzige Sache besonders ins Auge gestochen, jemandem anderen viele verschiedene Dinge, manchen ist besonders der Lärm, die Stille oder ein bestimmtes Geräusch aufgefallen, anderen der Geruch, die Temperatur, bestimmte Personen oder die Stimmung im Raum."

Die Mitspieler sollen nach diesen einleitenden Worten des Spielleiters die Augen für eine Minute schließen. Nach dem Öffnen der Augen soll jeder Mitspieler eine Wahrnehmung, die er während dieser Zeit oder unmittelbar danach hatte, äußern. Mitspieler, die negative Wahrnehmungen äußern, werden gefragt, was am Raum oder an der Gruppe geändert werden sollte, um das Gefühl zu verbessern. Wenn möglich, werden Veränderungen gleich durchgeführt.

HINWEIS

Nicht selten sind Arbeit oder Spiel durch Irritationen, die im Raum liegen, gestört. Besonders fällt uns dies bei Neuankömmlingen oder Zuspätkommenden auf. Bevor diese sich auf die anderen Mitspieler und das Gespräch konzentrieren können, lassen sie sich immer wieder durch den Raum ablenken. Ihn wollen sie zuerst wahrnehmen.

REFLEXION

Was ist für mich fremd in diesem Raum?
Was macht den Raum für mich heimelig?
An welche anderen Räume erinnert er mich?
Was könnte man in diesem Raum alles unternehmen?

ROLLENSPIEL

- Die Königstochter im neuen Schloß
- Die Familie überlegt den Umzug in eine neue Wohnung oder in ein neues Haus. Was gefällt den Familienmitgliedern jetzt nicht, was soll in Zukunft anders sein?

WEITERSPIELEN

E 5.3.2
Das Raumalphabet

E 5.3.3
Den Raum verändern

E 5.1
Was mag ich

F 5.1
Was fühle ich

F 6.1.12
Dein Lieblingsplatz

F 7.2.5
Gemeinsam die Klasse planen

F 7.3
Integrationsspiele

F 7.4
Beziehungsspiele

F 7.5.5
Gedränge

ICH-SPIELE — Was nehme ich wahr

5.3.2 Das Raumalphabet

ZIELE

Optische Wahrnehmung fördern
Eine Beziehung zum Raum bekommen

SPIELABLAUF

Der Spielleiter hat die Buchstaben des Alphabets in Form von Holzbuchstaben oder auf Kärtchen vorbereitet und verteilt sie willkürlich an die Mitspieler. Jeder Mitspieler notiert auf einem Zettel die Gegenstände, die mit dem Buchstaben beginnen, den er bekommen hat. Der Zettel kann toll verziert und das Raumalphabet in der Klasse aufgehängt werden. Wenn die Mitspieler ihre Zettel untereinander austauschen, kann das Spiel als „Suchspiel" gespielt werden.

VARIANTE

Jeder Mitspieler schreibt auf einen Zettel seinen Vornamen senkrecht auf.
Nun schreibt er neben jeden Buchstaben seines Vornamens Gegenstände des Raumes, die mit diesem Buchstaben beginnen.

BEISPIEL

„Bernd"
B Blume, Bild, Bleistift
E Ecke, Eisen, Ellbogen
R Radiergummi, Rock
N Nagel, Nummer, Nase
D Docht, Drehsessel, Dinosaurier

WEITERSPIELEN

E 5.3.1
Den Raum wahrnehmen

E 5.3.3
Den Raum verändern

F 6.1.12
Dein Lieblingsplatz

F 6.2.5
Was ist gleich an dir und mir

F 8.1
Spiel mit Skulpturen

ICH-SPIELE · Was nehme ich wahr

5.3.3 Den Raum verändern

ZIELE

Kreativität fördern
Optische Wahrnehmung schulen
Beziehung zum Gruppenraum bekommen
Flexibilität
Verändern

SPIELABLAUF

Während ein Ratender den Raum verlassen hat, haben die anderen einiges verändert. Was ist an diesem Raum verrückt und verkehrt?

VARIANTE

Ein avantgardistischer Einrichtungsspezialist begründet scheinbar verrückte Veränderungen, die der Mensch mit Zeitgeist in seiner Wohnung durchführen sollte.

REFLEXION

Was macht es schwierig, in diesem Raum viel zu verändern?
Wann hast du im Alltag „Verrücktes" und „Ungewohntes" an deiner Umgebung entdeckt?
Welche Gebäude sind dir fremd?
Wie weit macht dir „Ungewohntes" Angst?

ROLLENSPIEL

- Eltern erzählen anderen Erwachsenen, wie die Wohnung aussah, als sie ihre Kleinkinder einmal für eine Stunde unbeaufsichtigt in der Wohnung gelassen haben.
- Als das Brautpaar die neue, gemeinsame Wohnung betreten wollte, hatten ihnen die Freunde inzwischen in der Wohnung einen Streich gespielt.

WEITERSPIELEN

E 5.1.5
Die gute Fee

E 5.3.1
Den Raum wahrnehmen

E 5.3.4
Material wahrnehmen

E 6.2.2
Du formst mich

E 7.4.12
Transporthilfe

E 8.1
Statuenspiel

F 6.1.12
Dein Lieblingsplatz

F 6.3.1
Zu zweit mit einem Stift zeichnen

F 8.1
Spiel mit Skulpturen

ICH-SPIELE — Was nehme ich wahr

5.3.4 Material wahrnehmen

ZIELE

Taktile Wahrnehmung schulen
Optische Wahrnehmung schulen
Paarbildung
Kontakt aufnehmen

Mit Andersartigem umgehen
Vorurteile abbauen
Vielfalt erkennen und annehmen
Gegensätzliche Personen wahrnehmen

SPIELABLAUF

Alle gehen im Raum umher. Sie berühren möglichst viele Dinge, die aus Holz sind. Berühren kann bedeuten: antupfen, darüberstreichen, in die Hand nehmen, drücken, draufklopfen, . . .
Im Anschluß daran, nennt jeder einen anderen Gegenstand, der aus Holz ist.

VARIANTEN

- Große Beobachtungsgabe fordert die Variante: Wo ist Wasser in diesem Raum?
- Berührt lauter weiche/kleine/glatte/runde Dinge!
- Nennt im Sesselkreis lauter Gegensatzpaare: Die Wand ist rauh, das Fenster ist glatt, . . .!
- Bringt in den Kreis Gegenstände, die gegensätzlich sind, mit! Falls diese Gegenstände unbeweglich sind, zeichnet sie auf zwei Kärtchen auf!
  Mit diesen Gegenständen und den Zeichnungen kann man Partnerfindungs- oder Paarbildungsspiele machen.
- Ein Hinlaufspiel: Ein Mitspieler nennt eine Eigenschaft, z. B. „rund". Jeder Mitspieler läuft zu einem runden Gegenstand im Raum. Es können einander auch mehrere Personen bei einem Gegenstand begegnen. Vgl. Spiel 5.1.2 „Das Hinlaufspiel"!
- Zeichnet ein Bild oder Kritzelbild mit folgenden möglichen Titeln: „rund", „spitz", „Wasser", „Holz", . . .!
- Gruppenbildung nach Merkmalen: alle Blonden, . . . und Bildung von menschlichen Gegensatzpaaren. Die anderen raten, welche äußeren gegensätzlichen Merkmale von jedem Paar ins Auge gefaßt wurden.

REFLEXION

Welche Materialien, welche Formen, Farben und Oberflächen sind dir angenehm?
Was meint ihr zu dem Ausspruch: „Gegensätze ziehen sich an"? Gibt es jemanden, der sich von euch stark unterscheidet, zu dem ihr aber eine gute Beziehung habt?

ROLLENSPIEL

- Du siehst so komisch aus!
- Den mag ich nicht, denn dem sieht man schon an, daß . . .
- Ein ungleiches Paar ergänzt sich in verschiedenen Situationen

---

WEITERSPIELEN

E 5.3.5 Gegenstände im Kreis weitergeben
E 6.2.1 Du paßt zu mir
E 6.3.7 Zwei Zwillinge
E 7.4 Helferspiele
E 8.1.4 Statuenpaare
E 8.2.1 Märchenfigurenpaare
E 5.3.10 Klänge unterscheiden
E 8.2.2 Eigenschaften von Märchenfiguren
E 6.2 Dich wahrnehmen
F 5.1.5 Kritzelbilder
F 5.3.7 Eigenschaften verteilen
F 5.3.8 Eigenschaften gesucht
F 6.2 Dich wahrnehmen
F 7.2.2 Wir haben alle gleiche Eigenschaften
F 7.2.3 Wir sehen gleich aus

ICH-SPIELE — Was nehme ich wahr

5.3.5 Gegenstände im Kreis weitergeben

WEITERSPIELEN

E 5.3.6 *Puzzleteile weitergeben*

E 6.1.1 *Namen weiterflüstern*

E 6.3 *Mit dir zusammenarbeiten*

E 7.1 *Aufwärmspiele für die Gruppe*

E 7.2 *Kooperationsspiele*

E 7.5.8 *Die Friedenssprache*

E 7.5.12 *Vampir-Spiel*

E 8.3 *Pantomimisches Spiel*

F 5.2.1 *Brainwriting*

F 6.1.4 *Namens-Zip-Zap*

F 6.3 *Mit dir zusammenarbeiten*

F 7.1.2 *Fragekette*

F 7.1.6 *Das Goofy-Spiel*

F 7.2 *Kooperationsspiele*

ZIELE

Taktile Wahrnehmung schulen
Kontakt aufnehmen
Beruhigung erreichen
Konzentration fördern

SPIELABLAUF

Im Sesselkreis beginnt der Spielleiter hinter seinem Rücken etwa alle 30 Sekunden einen Gegenstand an den linken Nachbarn weiterzugeben. Der Gegenstand wandert also hinter dem Rücken der Mitspieler im Kreis, ohne daß diese ihn sehen. Der Empfänger flüstert seinem rechten Nachbarn ins Ohr, was für ein Gegenstand das ist, den er in seiner Hand fühlt, bevor er ihn nach links weitergibt.

VARIANTEN

- Weitergeben von geometrischen Formen und Körpern, Holzbuchstaben, textilen Materialien, Metallgegenständen, . . .
- Weitergeben von Duftfläschchen
- Weiterreichen von Gegenständen, die schwierig zu überreichen sind (ohne Kommentar der Mitspieler).

BEISPIELE

Volle Wasserschüssel, kleiner Bauklötzeturm, drei Murmeln

HINWEIS

Das Weiterreichen von Gegenständen im Kreis stellt eine einfache Form der Kontaktaufnahme dar. Nicht nur mit den beiden Sitznachbarn wird Kontakt aufgenommen, die Gegenübersitzenden schauen gespannt den anderen zu: welche Mimik zeigen sie, verhalten sie sich geschickt oder ungeschickt, . . .
Diese „Stilleübungen" führen zu Beruhigung und zu Konzentration in der Gruppe.

ICH-SPIELE   Was nehme ich wahr

5.3.6 — Puzzleteile weitergeben

ZIELE

Optische Wahrnehmung schulen   Beruhigung
Kontakt aufnehmen   Konzentration fördern

SPIELABLAUF

Puzzleteile aus Bildern, die in 6 Teile zerschnitten wurden, werden im Kreis weitergegeben. Im Geiste stellt jeder Mitspieler die Teile zusammen. Was stellt das Bild dar?

VARIANTEN

- Zur Vereinfachung kann der letzte Spieler dann mehrere fertig zusammengesetzte Puzzles in der Kreismitte auflegen. Die Mitspieler raten, welches dieser Puzzles im Kreis gewandert ist.
- Einzelne Teile verschiedener Puzzles werden, nach der Wanderung eines Puzzles im Kreis, in der Mitte aufgelegt. Welcher dieser Teile gehört zu dem Puzzle, das weitergereicht wurde?
- Personenpuzzle: Die schriftliche Personenbeschreibung eines Gruppenmitgliedes wird in 5 Sätze zerschnitten. Die Sätze werden im Kreis weitergereicht. Wer ist die Person?

REFLEXION

Welche „Taktiken" wendeten die Mitspieler zum Wahrnehmen und zum Merken an?

WEITERSPIELEN

E 5.3 *Was nehme ich wahr*
E 5.3.7 *Geräusche wahrnehmen*
E 6.2 *Dich wahrnehmen*
E 7.5.6 *Kriminalkommissar*
E 8.3 *Pantomimisches Spiel*
F 6.1.11 *Ich beschreibe dich*

5.3.7 — Geräusche wahrnehmen

ZIELE

Akustische Wahrnehmung fördern
Wahrnehmungsunterschiede erkennen
Mit Wahrnehmungsstörungen umgehen

SPIELABLAUF

Der Spielleiter läßt in der Kreismitte einen Vollgummiball zu Boden fallen. Bei geschlossenen Augen hat zuerst die eine Hälfte der Mitspieler eine Hand hocherhoben. Je niedriger der Ball (ihrem Gehör nach) hüpft, umso weiter senken sie ihre Hände. Wenn sie nichts mehr vernehmen, zeigen sie auf die Stelle, woher das letzte Geräusch kam. Die Beobachtergruppe reflektiert über die Beobachtungen.

REFLEXION

Welche Unterschiede in der Wahrnehmung zeigten uns die Hände der Mitspieler an? Dieses Spiel bietet uns Anlaß, über Behinderungen von Sinnen zu sprechen.

WEITERSPIELEN

E 5.3 *Was nehme ich wahr*
E 5.3.8 *Geräusche unterscheiden*
E 6.2 *Dich wahrnehmen*
E 7.4.5 *Das Hilfeschreispiel*
E 7.4.11 *Das Schmerzschreispiel*
E 7.5.5 *Wilde Tiere*
E 7.5.9 *Die Beschuldigung*

ICH-SPIELE

Was nehme ich wahr

5.3.8 Geräusche unterscheiden

ZIELE

Akustische Wahrnehmung schulen
Akustisches Gedächtnis schulen
Erkenntnisse über das Lernen gewinnen

SPIELABLAUF

Der Spielleiter legt in die Mitte des Kreises bis zu zehn Gegenstände. Nun schließen alle Mitspieler die Augen. Der Spielleiter macht hintereinander mit bis zu sechs Gegenständen ein Geräusch. Die Mitspieler erraten anschließend bei geöffneten Augen, welche Gegenstände es waren.

REFLEXION

Nicht alles, was man hören konnte, konnte man eindeutig zuordnen. Nicht alles, was man hören konnte, konnte man sich merken.
Wovon hängen Wahrnehmung, Merken und Lernen ab?
Können wir bei diesem Spiel mit Training eine Verbesserung des Ergebnisses erzielen?

ROLLENSPIEL

- Ein Zeuge erzählt dem verhörenden Kommissar, welche Geräusche er am Tatort gehört hat. Der Kommissar rekonstruiert auf Grund der Schilderung der Geräusche den Tathergang.
- Improvisation mit Geräuschen:
  „Geisterstunde im Schloß"
  Die Mitspieler erfinden eine Geistergeschichte, die auf Tonband aufgenommen wird. Im Text kommen viele Geräusche vor:
  Donnergrollen, Käuzchenschreie, Seufzen, Knarren, Poltern, Stöhnen, Krachen, ...
  Während des Abspielens des Tonbandes machen die Mitspieler die Geräusche.

VARIANTE

Ein Mitspieler, der bei der Produktion nicht dabei war, versucht lediglich auf Grund der von den Mitspielern gemachten Geräusche zu erraten, was dargestellt wird.

WEITERSPIELEN

E 5.3.10
Klänge unterscheiden

E 5.3.7
Geräusche wahrnehmen und alle Weiterspielvorschläge von E 5.3.7

ICH-SPIELE | Was nehme ich wahr

5.3.9 Klänge wahrnehmen

WEITERSPIELEN

E 5.3.10
Klänge unterscheiden

E 5.3.8
Geräusche unterscheiden

E 5.1
Was mag ich

E 6.2
Dich wahrnehmen

F 5.1
Was fühle ich

F 5.3
Wie bin ich

F 6.1.13
Das Geschenkespiel

ZIELE

Akustische Wahrnehmung schulen Sich vorstellen
Selbsteinschätzung fördern Wünschen und schenken

SPIELABLAUF

In der Mitte des Kreises liegen mehrere Orff-Instrumente. Reihum nennt jeder Mitspieler ein Instrument, von dem er weiß oder vermutet, daß ihm der Klang dieses Instruments besonders gut gefällt.
Nun werden die Instrumente der Reihe nach ausprobiert.
Die Mitspieler stehen bei den Instrumenten auf, deren Klang ihnen besonders gut gefällt.

REFLEXION

Hat meine vorherige Einschätzung mit meinem späteren Empfinden übereingestimmt?

5.3.10 Klänge unterscheiden

WEITERSPIELEN

E 5.1
Was mag ich

E 5.3.4
Material wahrnehmen

E 5.3.11
Klangeigenschaften sammeln

E 8.2.2
Eigenschaften von Märchenfiguren

E 8.3
Pantomimisches Spiel

F 5.1.8
Stimmungsmusik

F 5.3
Wie bin ich

ZIELE

Akustische und optische Wahrnehmung schulen
Eigenschaften erkennen
Aggressionsabbau erreichen
Aufwärmen

SPIELABLAUF

An der Tafel stehen folgende Eigenschaftswörter:
laut, leise, hell, dunkel, metallisch, hölzern, hoch, tief, paarweise, gruppenweise, schnell, langsam, rhythmisch, unrhythmisch, sanft, aggressiv.
Bis auf einen Spieler haben alle Mitspieler ein Orff-Instrument.
Sie stehen mit dem Blick zur Tafel. Der Mitspieler, der kein Instrument hat, steht vor der Tafel mit dem Rücken zu dieser. Der Spielleiter zeigt auf eines der Eigenschaftswörter. Die Mitspieler reagieren entsprechend. Nach etwa einer halben Minute versucht der einzelne Mitspieler zu erraten, welches Eigenschaftswort gemeint war.

REFLEXION

Welche Eigenschaftswörter spielte ich am liebsten?

ICH-SPIELE

Was nehme ich wahr

5.3.11 Klangeigenschaften sammeln

ZIELE

Akustische Wahrnehmung schulen
Eigenschaften erkennen
Kontakte herstellen
Kreativität fördern

SPIELABLAUF

Die Hälfte der Spieler hat ein Orff-Instrument. Jeder dieser Mitspieler plant, mit seinem Instrument eine Eigenschaft darzustellen.

BEISPIELE

wild, sanft, rhythmisch, laut, leise, ...

Diese Eigenschaft schreibt er auf zehn kleine Zettel. Nun spielen alle gleichzeitig ihr Eigenschaftswort. Die Mitspieler, die kein Eigenschaftswort haben, gehen von einem Musikanten zum anderen und versuchen dessen Eigenschaftswort zu erraten. Gelingt ihnen das, bekommen sie vom Musikanten einen Zettel, auf dem das Eigenschaftswort steht.
Am Ende legt jeder der Ratenden seine Zettel in beliebiger Reihenfolge vor sich auf den Boden und spielt diese Eigenschaften vor.

WEITERSPIELEN

E 5.3.12
Klangmemory

E 5.3.10
Klänge unterscheiden und alle Weiterspielvorschläge von E 5.3.10

ICH-SPIELE — Was nehme ich wahr

5.3.12 Klangmemory

ZIELE

Paarbildung fördern
Gruppenbildung fördern
Akustische Wahrnehmung schulen
Aggressionsabbau
Kontakt aufnehmen
Kreativität fördern
Musikalische Schulung

SPIELABLAUF

Ein Ratender verläßt den Raum. Die anderen Mitspieler gehen im Raum mit ihren Orff-Instrumenten umher und machen Musik. Es bilden sich Paare von solchen Mitspielern, die ähnliche oder gleiche Musik machen. Nun gehen die Mitspieler wieder einzeln, entfernt von dem vorhin gefundenen Partner umher und machen weiterhin die gleiche Musik wie ihr Partner. Nun kommt der Ratende in den Raum und stellt die noch immer durcheinandergehenden und musizierenden Mitspieler zu Paaren zusammen.

REFLEXION

Wodurch hat die Paarbildung stattgefunden?
Wer mußte sich an den Partner anpassen?

VARIANTEN

- Es wird versucht, nun Vierergruppen und eventuell Achtergruppen zu bilden. Ist es möglich ein Merkmal zu finden, das die gesamte Gruppe in zwei Großgruppen teilt?
- Paare und Gruppen erfinden Kriegstänze gegen andere Gruppen. Andere Gruppen erfinden besänftigende Musik. Mit Musik und Bewegung treten Paare und Gruppen gegeneinander an.

WEITERSPIELEN

E 5.3.11
Klangeigenschaften sammeln

E 6.2
Dich wahrnehmen

E 6.3
Mit dir zusammenarbeiten

E 7.2
Kooperationsspiele

E 7.3.2
Das Mengenspiel

E 7.5.7
Kampflinie

E 8.1.4
Statuenpaare

E 8.2.1
Märchenfigurenpaare

F 5.1.8
Stimmungsmusik

F 6.3
Mit dir zusammenarbeiten

F 7.2
Kooperationsspiele

F 7.5.6
Kriegstanz

6 Du-Spiele

6.1 Dich kennenlernen

6.1.1 *Namen weiterflüstern*

ZIELE

Kennenlernen
Kontakt herstellen
Vertrauen gewinnen
Mit Geheimnissen umgehen

SPIELABLAUF

Der Spielleiter flüstert seinem linken oder rechten Sitznachbarn im Sesselkreis den Namen eines beliebigen Mitspielers ins Ohr. Dieser Name wird nun im Kreis weitergeflüstert, bis er beim „Besitzer" des Namens ankommt. Dieser sagt laut seinen Namen. Nun ist er an der Reihe, einen Namen auf Reisen zu schicken.

HINWEIS

Bei diesem Spiel darf das geflüsterte Wort auf keinen Fall, wie es beim Spiel „Stille Post" vorkommt, verstümmelt werden. Wer schlecht verstanden hat, fragt nochmals nach.
Etwas ins Ohr flüstern hat etwas Geheimnisvolles und etwas Vertrauliches an sich. Kinder haben Geheimnisse und Vertrauen gerne.

REFLEXION

Bei diesem Spiel wird ein Geheimnis weitergesagt.
Ist es dadurch noch ein Geheimnis? Wie verändert sich das Spiel, wenn ein Ratender in der Kreismitte sitzt? Habt ihr schon einmal „nicht dichtgehalten"?
Wie reagiert ihr auf einen Vertrauensmißbrauch?
Welches Gefühl ist es zu warten, bis einen das Geheimnis erreicht?

WEITERSPIELEN

E 6.1.2
Namenkreuzworträtsel

E 5
Ich-Spiele

E 7.1
Aufwärmspiele für die Gruppe

E 7.3
Integration neuer Mitschüler

F 6.1
Dich kennenlernen

F 7.1
Aufwärmspiele für die Gruppe

F 7.3.4
Die blinde Gruppe

F 7.3.5
Blindenbillard

F 6.1.8
Das Geheimnisspiel

| DU-SPIELE | Dich kennenlernen |

6.1.2 Namenkreuzworträtsel

ZIELE

Kennenlernen
Kontakt aufnehmen

SPIELABLAUF

Jeder Mitspieler schreibt in die Mitte eines DIN A4-Blattes in großen Blockbuchstaben seinen Vornamen. Nun sucht er Mitspieler, die ihren Namen in Kreuzworträtselform dazusetzen können.

BEISPIEL

„Irene"

```
                    J
            T H O M A S
                    H
        B           A
        I R E N E
        R           N       S
        G       M A R K U S
        I                   S
        T                   I
```

WEITERSPIELEN

E 6.1.3
Namensschriften sammeln

E 6.1.1
Namen weiterflüstern und alle Weiterspielvorschläge von Spiel E 6.1.1

DU-SPIELE — Dich kennenlernen

6.1.3 Namensschriften sammeln

ZIELE
Kennenlernen
Kontakt aufnehmen

SPIELABLAUF
Jeder schreibt in kreativer Weise seinen Namen auf ein DIN A4-Blatt.

BEISPIELE
In bunten Buchstaben, in Regenbogenfarben, winzig, riesig, in gotischen Lettern, fettgedruckt, in Chaosschrift, ...
Nun sammelt jeder Spieler von möglichst vielen Mitspielern seinen eigenen Namen.
So hat jeder seinen eigenen Namen in vielfacher, verschiedener kreativer Ausführung auf seinem Zettel stehen.

WEITERSPIELEN
E 6.1.4
Autogramme sammeln
E 6.1.2
Namenkreuzworträtsel und alle Weiterspielvorschläge von Spiel E 6.1.1

6.1.4 Autogramme sammeln

ZIELE
Kennenlernen
Kontakt aufnehmen
Namen merken

SPIELABLAUF
Jeder Mitspieler hat einen DIN A4-Zettel und einen Stift. Günstig ist es, wenn es verschiedenfärbige Stifte gibt. Jeder Mitspieler geht umher und ersucht andere (max. 6) Mitspieler um ein Autogramm. Man muß versuchen, sich die Gesichter der Autogrammgeber zu merken, denn wenn man alle sechs Autogramme hat, muß man die Autogrammgeber wiederfinden und sich nochmals die Unterschrift unter das erste Autogramm setzen lassen.

WEITERSPIELEN
E 6.1.3
Namensschriften sammeln
E 6.1.5
Namen aufbauen und alle Weiterspielvorschläge von Spiel E 6.1.1

| DU-SPIELE | Dich kennenlernen |

6.1.5 Namen aufbauen

ZIELE

Namen kennenlernen
Die Namen der Mitspieler schreiben lernen
Erste Kontaktaufnahme fördern

SPIELABLAUF

Jeder schreibt seinen Namen in Druckschrift auf einen kleinen Zettel. Darunter setzt er Punkte, die der Buchstabenanzahl des Namens entsprechen. Nun gibt jeder seinen Zettel an den linken Nachbarn weiter. Dieser setzt auf den ersten Punkt den ersten Buchstaben des obenstehenden Namen. Dann gibt jeder wieder den Zettel weiter. Nun wird der zweite Buchstabe des jeweiligen Namens an seinen Platz gesetzt. Der Zettel wird so lange weitergegeben, bis der Name fertig ist. Wer den letzten Buchstaben eines Namens eingesetzt hat, überbringt dem Besitzer seinen Zettel.

WEITERSPIELEN

E 6.1.6
Namensspiegel

E 6.1.4
Autogramme sammeln und alle Weiterspielvorschläge von Spiel E 6.1.1

6.1.6 Namensspiegel

ZIELE

Kontaktaufnahme fördern
Kennenlernen

SPIELABLAUF

Jeder Mitspieler schreibt auf Transparentpapier seinen Namen in Blockschrift. Dann läßt er sich seinen Zettel von einem Mitspieler verkehrt auf den Rücken heften, sodaß sein Name nun in Spiegelschrift sichtbar ist. Alle Mitspieler gehen nun im Raum umher, begegnen einander, klopfen einander freundschaftlich auf den Rücken und begrüßen den Mitspieler mit dessen Namen.

VARIANTE

- Bei Gruppen, in denen die Vornamen schon allgemein bekannt sind, kann sich jeder ein Pseudonym (z. B. den Namen eines Idols oder einen Spitznamen) geben und auf den Rücken heften.

WEITERSPIELEN

E 6.1.7
Mein rechter Platz ist leer – einmal anders

E 6.1.5
Namen aufbauen und alle Weiterspielvorschläge von Spiel E 6.1.1

DU-SPIELE | Dich kennenlernen

6.1.7 Mein rechter Platz ist leer – einmal anders

WEITERSPIELEN

E 6.2
Dich wahrnehmen

E 6.1.6
Namensspiegel

E 7.1
Aufwärmspiele für die Gruppe

E 7.2
Kooperationsspiele

E 7.3
Integration neuer Mitschüler

E 7.4.7
Ich bin in den Brunnen gefallen

E 7.4.9
Bruder hilf!

E 5.1
Was mag ich

F 5.3.7
Eigenschaften verteilen

F 6
Du-Spiele

F 7.1
Aufwärmspiele für die Gruppe

F 7.2
Kooperationsspiele

F 7.3.5
Blindenbillard

F 7.4
Beziehungsspiele

ZIELE

Kontaktaufnahme fördern
Kennenlernen
Formen der Aufforderung ausprobieren
Integration fördern

SPIELABLAUF

Wie beim bekannten Sesselkreisspiel „Mein rechter Platz ist leer" gibt es einen Sessel im Kreis zuviel. Der linke Nachbar dieses leeren Sessels sagt: „Mein rechter Platz ist leer, ich wünsche mir (z. B.) den Jakob her." Jakob setzt sich nun dorthin. Sein bisheriger Platz ist nun leer und der linke Nachbar dieses Sessels wünscht sich nun einen rechten Nachbarn. Bei der „anderen Variante" findet das Herbeiwünschen des rechten Nachbarn in verschiedenen Sprechvarianten statt: bittend, befehlend, traurig, lockend. Auch der Wortlaut wechselt.

BEISPIELE

„Es wäre so schön, wenn du, liebe Lisa, neben mir sitzen würdest."
Oder: „Lisa, komm sofort zu mir!"

| DU-SPIELE | Dich wahrnehmen |

6.2 Dich wahrnehmen

6.2.1 *Du paßt zu mir*

WEITERSPIELEN

E 6.2.2
Du formst mich

E 5.1
Was mag ich

E 6.3
Mit dir zusammenarbeiten

E 7.2.7
Seilmannschaften

ZIELE

Festigung von DU-Beziehungen
Körpererfahrung

SPIELABLAUF

Jeder Mitspieler zeichnet den Umriß von seinem Fuß und von seiner Hand auf einen Zettel, schreibt seinen Namen darauf und legt den Zettel im Raum auf. Jeder Mitspieler, dessen Hand bzw. dessen Fuß gleich groß ist, schreibt seinen Namen in diesen Umriß hinein.

6.2.2 *Du formst mich*

WEITERSPIELEN

E 6.2.3
Du spiegelst mich

E 6.2.1
Du paßt zu mir

E 8.1
Statuenspiel

F 8.1
Spiel mit Skulpturen

E 6.3
Mit dir zusammenarbeiten

E 7.2
Kooperationsspiele

E 7.4
Helferspiele

E 7.5.1
Tiere im Urwald

F 6.3
Mit dir zusammenarbeiten

F 8.3.2
Schattentechnik

ZIELE

Berührungsängste abbauen   Körpererfahrung
Vertrauen zum Partner aufbauen   Kommunikation fördern
Gefühlvoller Umgang miteinander   Aggressionsverzicht

SPIELABLAUF

Bei dieser Partnerübung ist ein Mitspieler Bildhauer, der andere dessen Material. Der Bildhauer formt nun aus dem Material eine Skulptur. Das kann eine Person, eine Pflanze, ein Tier, ein Gegenstand sein. Da das Material nicht sprechen kann, erfolgt das Spiel stumm. Zum Schluß versucht der „Materialspieler" zu erraten, was er darstellt.

VARIANTEN

- Die Rollen werden getauscht und der „Materialspieler" versucht nun nochmals, genau die gleiche Skulptur zu bauen.
- Der Bildhauer bekommt vom Spielleiter oder seinem Partner einen konkreten Auftrag, z. B.: Schneemann, Vogelscheuche, Ritter, Popstar, Schaufensterpuppe,...

ROLLENSPIEL

- Die widerspenstige Skulptur
- Das Kind, das sich nicht erziehen lassen wollte
- Als eines Nachts die Schaufensterpuppen erwachten
- Diskussion der Vogelscheuchen

DU-SPIELE Dich wahrnehmen

6.2.3 Du spiegelst mich

ZIELE

Einfühlungsvermögen
Partnerschaft
Optische Wahrnehmung
Körpererfahrung
Kommunikation

SPIELABLAUF

Zwei Mitspieler stellen sich jeweils im Abstand von etwa 1 Meter voneinander auf. Ein Mitspieler beginnt, sich mit kleinen, langsamen Armbewegungen zu sanfter Musik zu bewegen. Der Gegenüberstehende macht die Bewegungen spiegelbildlich mit. Nun kommen auch die Beine dazu. Die beiden Spieler gehen in die Hocke oder sitzen und liegen gar am Boden, ohne sich aus den Augen zu lassen. Sie können sich auch spiegelbildlich zur Seite bewegen oder nach hinten gehen (wodurch sie sich voneinander entfernen).

VARIANTEN

- Die beiden Mitspieler vereinbaren, wer der Führende ist.
- Die beiden Mitspieler überlassen es dem Zufall, wer führt.
- Ein einzelner Mitspieler dirigiert die ganze Gruppe.

HINWEIS

Zum Gelingen des „Spiegelns" sind langsame Bewegungen (Zeitlupe) unbedingt notwendig, sonst kommt der Partner nicht mit.

REFLEXION

In welcher Rolle hast du dich wohler gefühlt: als Führender, oder in der Rolle des Geführten?
Wie ist es, wenn man sich die Führung nicht ausmacht?
Wie wirkt sich dieses Spiel auf die Partnerbeziehung aus?
Versuch das Spiel auch mit einem anderen Partner!

WEITERSPIELEN
E 6.2.4
Du zeichnest mich
E 6.2.2
Du formst mich und alle Weiterspielvorschläge von Spiel E 6.2.2

DU-SPIELE — Dich wahrnehmen

6.2.4 *Du zeichnest mich*

ZIELE

Optische Wahrnehmung schulen
Kontakt aufnehmen
Paarbildung
Beobachten lernen

SPIELABLAUF

Je zwei Mitspieler stehen oder sitzen einander mit Papier und Bleistift gegenüber. Sie fertigen voneinander ein Porträt an, ohne auf das Papier zu blicken. Am Ende schreiben sie den Vornamen des Partners darunter. Alle Porträts werden nun aufgehängt und mit Vergnügen betrachtet.

REFLEXION

War es dir unangenehm von deinem Partner so genau betrachtet zu werden?
Ist dir an deinem Partner beim Zeichnen etwas aufgefallen, was du bei oberflächlicher Betrachtung übersehen hättest?

ROLLENSPIEL

Das empörte Modell

WEITERSPIELEN

E 6.2.5
Du bewegst mich

E 6.2.3
Du spiegelst mich

E 5.2.2
Schau, was ich kann und alle Weiterspielvorschläge von Spiel E 6.2.2

6.2.5 Du bewegst mich

ZIELE

Körpererfahrung
Berührung zulassen
Einfühlsames Verhalten üben

SPIELABLAUF

Ein Mitspieler sitzt auf einem Stuhl. Der andere steht davor und hält den Partner an den Handgelenken. Zu sanfter Musik bewegt er nun symmetrisch die Arme des Sitzenden. Dieser versucht nun, die „Bewegungsexperimente" auf verschiedene Arten zu erleben: mit offenen Augen, mit geschlossenen Augen, mit lockeren Armen, mit steifen Armen, mit schweren Armen, mit leichten Armen, mit Widerstand, ohne Widerstand.
Nach einiger Zeit geht der stehende Mitspieler hinter den Stuhl und führt den Sitzenden von hinten.

VARIANTE

Der Sitzende sitzt im Langsitz am Boden. Der Führende hockt so eng hinter dem Sitzenden, daß dieser sich an den Führenden anlehnen kann. Der enge Körperkontakt sorgt für weitere Erfahrungen.

HINWEISE

Diese Übung erfordert schon viel Vertrauen. Andere Übungen sollen bereits vorausgegangen sein. Es muß darauf geachtet werden, daß die Partnerwahl vorerst Partner zusammenbringt, die einander gut verstehen. Bei mehrmaligem Wiederholen der Übung können auch die Partner gewechselt werden, um einen Vergleich zwischen den Personen zu ermöglichen und sogar anzuregen. Bei manchen Mitspielern fällt es einem leicht, sich führen zu lassen, bei manchen spürt man Widerstände.

WEITERSPIELEN

E 6.2.6
Du berührst mich

E 6.2.4
Du zeichnest mich

E 5.3
Was nehme ich wahr

E 6.3
Mit dir zusammenarbeiten und alle Weiterspielvorschläge von Spiel E 6.2.2

DU-SPIELE — Dich wahrnehmen

6.2.6 Du berührst mich

WEITERSPIELEN

E 6.3 Mit dir zusammenarbeiten
E 6.2.5 Du bewegst mich
E 5.3.4 Material wahrnehmen
E 5.3.5 Gegenstände im Kreis weitergeben
E 7.2.1 Gemeinsam auf einem Sessel
E 7.3.1 Das Aufweckspiel
E 7.4 Helferspiele
E 7.5.1 Tiere im Urwald
E 7.5.12 Vampir-Spiel
E 8.1.8 Bilder bauen
F 6.3 Mit dir zusammenarbeiten
F 7.3.5 Blindenbillard

ZIELE

Taktile Wahrnehmung schulen
Körpererfahrung
Einfühlungsvermögen fördern
Vertrauen zum Partner entwickeln
Berührungsängste verlieren
Entspannung erreichen

SPIELABLAUF

Ein Mitspieler liegt am Bauch am Boden. Ein anderer Mitspieler kniet daneben. Er erzeugt nun mit seinen Händen am Körper des Liegenden verschiedene Wettereindrücke: Nieselregen, Regentropfen, Platzregen, Schneefall, Schneesturm, Hagel. Zum Schluß flaut das Unwetter wieder ab.

VARIANTEN

- Die Berührungen richten sich nach einer Musik.
- Beide Mitspieler stehen und der passive Spieler kann sich Situationen wünschen, die der andere mit seinen Händen und Fingern erzeugen soll.

HINWEISE

Für dieses Spiel ist bereits großes Vertrauen der beiden Partner zueinander notwendig. Wenn beide Spieler Erfahrung mit solchen Spielen haben, ist es nicht Voraussetzung, daß sie einander bereits gut kennen.

REFLEXION

Wie einfühlsam war dein Partner? Welche Berührungen waren dir angenehm oder unangenehm?
Gibt es Situationen im Alltag, wo dir Berührungen unangenehm sind?

DU-SPIELE — Mit dir zusammenarbeiten

6.3 Mit dir zusammenarbeiten

6.3.1 *Blickkontakt*

ZIELE

Blickkontakt halten
Partnerschaft fördern
Rücksicht nehmen

SPIELABLAUF

Alle Paare gehen kreuz und quer im Raum durcheinander. Trotz der Ablenkung durch die anderen Paare verlieren die Partner einander nie aus den Augen, obwohl sie mindestens vier Meter voneinander entfernt sein sollen.

VARIANTE

Der Spielleiter gibt gelegentlich den Auftrag „Augen zu und blind aufeinander zugehen", worauf die beiden Partner einander blind und stumm – oder, falls vereinbart, durch Zurufe unterstützt – suchen.

WEITERSPIELEN
E 6.3.2 Zwei Hände helfen zusammen
E 6.2 Dich wahrnehmen
E 5.3.12 Klangmemory
E 7.1 Aufwärmspiele für die Gruppe
E 7.4 Helferspiele

6.3.2 *Zwei Hände helfen zusammen*

ZIELE

Kooperation   Körpererfahrung
Koordination   Vom Partner abhängig sein

SPIELABLAUF

Jeder Mitspieler überlegt sich eine Tätigkeit, zu der üblicherweise zwei Hände notwendig sind und schreibt diese Tätigkeit in einem Satz auf einen Zettel. Es müssen Tätigkeiten sein, die in diesem Raum durchgeführt werden können.
Nun werden alle Zettel vermischt. Jedes Paar zieht nun wieder einen Zettel aus dem Stapel. Die beiden Partner stehen nebeneinander, fassen einander mit einer Hand um die Hüfte, sodaß jeder von beiden nur noch eine Hand, nämlich die äußere Hand frei hat. Nun erledigen sie den Auftrag, der auf dem Zettel steht, gemeinsam mit den beiden freien Händen. Dann legen sie den Zettel auf den Stapel zurück und ziehen einen neuen.

BEISPIELE

Einen Flaschenverschluß auf- und zuschrauben, ein Schuhband auf- und zubinden, ein Stück Geschirr abtrocknen, die Hände mit Seife waschen, in die Hände klatschen, ...

WEITERSPIELEN
E 6.3.3 Zu zweit Müll einsammeln
E 6.3.1 Blickkontakt
E 7.2 Kooperationsspiele und alle Weiterspielvorschläge von Spiel E 6.3.1

DU-SPIELE — Mit dir zusammenarbeiten

6.3.3 Zu zweit Müll einsammeln

ZIELE

Kooperation
Koordination und Schnelligkeit fördern
Abhängigkeit erfahren

SPIELABLAUF

Der Spielleiter verteilt im Raum eine Unmenge von Streichhölzern. Die Mitspieler geben einander paarweise die Hände. Auf ein Startzeichen hin sammeln die Paare nun möglichst viele Streichhölzer ein, ohne einander loszulassen. Welches Paar hat den meisten Müll gesammelt? Warum waren sie so geschickt und schnell?

WEITERSPIELEN
E 6.3.2 Zwei Hände helfen zusammen
E 6.3.4 Zu zweit Rekorde aufstellen und alle Weiterspielvorschläge von Spiel E 6.3.1

6.3.4 Zu zweit Rekorde aufstellen

ZIELE

Kooperation
Gemeinsame Leistung erbringen
Koordination fördern

SPIELABLAUF

Die beiden Mitspieler haben 20 Minuten Zeit, die absonderlichsten Rekorde in partnerschaftlicher Leistung aufzustellen und der Gruppe dann davon zu berichten.
Es können einfache Leistungen sein:
- Ballwurf- und Fangspiel
- Frisbeewerfen, ohne daß die Scheibe zu Boden fällt
- Bocksprungdauerleistung
- Scheibtruhenfahren – Weitenrekord
- Der höchste Bauklotzturm

usw.

HINWEIS

Es geht hier um Leistungen, die unter Bedingungen erstellt werden, die ein einzelner Spieler alleine nicht erfüllen kann. Es geht hier nicht um den Vergleich und den Wettkampf mit anderen Paaren. Je verschiedener und kreativer die Rekordversuche, umso weniger kann es zu einem unerwünschten Konkurrenzkampf der Paare untereinander kommen.

WEITERSPIELEN
E 6.3.5 Zu zweit tanzen
E 6.3.3 Zu zweit Müll einsammeln
E 7.2 Kooperationsspiele und alle Weiterspielvorschläge von Spiel E 6.3.1

DU-SPIELE

Mit dir zusammenarbeiten

6.3.5 Zu zweit tanzen

ZIELE

Kooperation
Führen und geführt werden
Einfühlungsvermögen trainieren
Vertrauen entwickeln
Musik erleben
Nähe und Distanz erfahren
Körpererfahrung
Aufwärmen

SPIELABLAUF

Die Paare versuchen ähnlich wie bei Spiel 6.2.3 „Du spiegelst mich" ihre Bewegungen spiegelbildlich durchzuführen. Die beiden Tänzer haben jedoch nicht vereinbart, wer das Bewegungsmuster vorgibt. Dieses soll auch öfter wechseln, wobei sich der Partner auf die neue Tanzbewegung des Partners einstellen muß.

VARIANTEN

- Ein Mitspieler ist der Tänzer. Er ist „blind". Der zweite Mitspieler hält den blinden Tänzer an einer oder an beiden Händen und ist der Blindenführer. Seine Aufgabe ist es, darauf zu achten, daß der Blinde nirgends anstößt.
- Der bekannte „Orangentanz": Zwei Mitspieler haben zwischen ihre Stirnen eine Orange geklemmt, die während des Tanzes nicht zu Boden fallen darf. Die Hände dürfen dabei nicht benützt werden. Welches Paar hält am längsten durch?
- Wollfadentanz: Die beiden Mitspieler halten einen etwa 2 Meter langen Wollfaden an den Enden. Beim Tanzen soll der Wollfaden nicht reißen und nicht den Boden berühren. Bei mehreren Paaren überkreuzen sich die Fäden in der Mitte. Alle Paare bilden anfangs einen Stern. Hier ist es günstig, wenn es verschiedenfärbige Fäden gibt. Ziel dieses Tanzes ist die Entwirrung des Sternes.
- Ein Spieler ist der Tänzer, der andere ist der Musikant, der sich mit einem Orff-Instrument den Tanzbewegungen des Partners anpaßt.
Bei mehreren Paaren koordinieren die Tänzer ihren Tanz untereinander, sodaß alle Musikanten ebenfalls ihr Spiel koordinieren müssen.

WEITERSPIELEN

E 6.3.6
Klatschspiele zu zweit

E 6.3.4
Zu zweit Rekorde aufstellen

E 7.1
Aufwärmspiele für die Gruppe

E 7.2
Kooperationsspiele

E 7.4
Helferspiele

E 7.5.2
Tauziehen

F 6.1
Dich kennenlernen

F 6.3
Mit dir zusammenarbeiten

F 7.1
Aufwärmspiele für die Gruppe

F 7.2
Kooperationsspiele

F 7.3
Integrationsspiele

| DU-SPIELE | Mit dir zusammenarbeiten |

6.3.6 Klatschspiele zu zweit

ZIELE

Kooperation
Leistung erbringen
Kreativität fördern
Koordination trainieren
Körpererfahrung

SPIELABLAUF

Die beiden Mitspieler sitzen einander gegenüber auf einem Sessel. Sie beginnen mit einem ihnen bekannten Reim, zum Beispiel mit

„Am Dam Des
diese male pres
diese male pumpanes
Am Dam Des."

Dabei klatscht jeder Mitspieler bei jedem Wort abwechselnd in seine Hände und auf seine Schenkel. Beide Mitspieler versuchen die Übung gleichzeitig zu machen.
Nun versuchen sie das Klatschen mit Körperkontakt:
Sie klatschen auf die eigenen Schenkel, dann in die Hände des Partners, dann in die eigenen Hände und wieder auf die eigenen Schenkel usw.
Schließlich wechseln die Mitspieler mehrmals den Partner, um andere Partnererfahrungen zu machen. Sie können auch mit den neuen Partnern andere Klatschvarianten erfinden oder sich von diesen andere Klatschvarianten zeigen lassen.
Die Mitspieler erfinden neue Klatschmöglichkeiten, wie übers Kreuz klatschen, abwechselnd links und rechts klatschen, sie beziehen die Füße mit ein usw.

VARIANTEN

- Selber Reime suchen oder erfinden
- Reime mit Nonsenstext erfinden und klatschen

REFLEXION

Mit welchem Partner fiel dir das Klatschen leicht?
Welche Art von Reimen war für dich am lustigsten?

WEITERSPIELEN

E 6.3.7
Zwei Zwillinge

E 6.3.5
Zu zweit tanzen und alle Weiterspielvorschläge von Spiel E 6.3.5

DU-SPIELE — Mit dir zusammenarbeiten

6.3.7 Zwei Zwillinge

WEITERSPIELEN

E 6.3.8
Fairplay zu zweit

E 6.3.6
Klatschspiele zu zweit

E 7.1
Aufwärmspiele für die Gruppe

E 7.2
Kooperationsspiele

E 7.5.6
Kriminalkommissar

E 7.5.8
Die Friedenssprache

E 7.5.10
Schwellenangst

E 8.1
Statuenspiel

E 8.3
Pantomimisches Spiel

F 6.2
Dich wahrnehmen

F 6.3
Mit dir zusammenarbeiten

F 7.2
Kooperationsspiele

F 7.5.7
Imponiergehabe der Streithähne

ZIELE

Kooperation
Optische Wahrnehmung schulen
Soziale Wahrnehmung schulen
Partnerschaft fördern

SPIELABLAUF

Einer oder mehrere Mitspieler verlassen für einige Minuten den Raum. Die anderen Mitspieler bilden Zwillingspaare. Sie suchen sich Partner, die ihnen möglichst ähnlich schauen. Es kann auch durch Kleidertausch und durch Verkleidung etwas nachgeholfen werden.

BEISPIELE

Die beiden Zwillinge haben je ein Hosenbein umgekrempelt. Beide Zwillinge haben ständig eine Hand im Hosensack.

Nun gehen alle Mitspieler im Raum durcheinander. Die Mitspieler, die draußen waren, werden nun in den Raum geholt. Sie versuchen, die Zwillingspaare zu erraten. Erratene Paare geben einander die Hände.

DU-SPIELE   Mit dir zusammenarbeiten

6.3.8 Fairplay zu zweit

ZIELE

Kooperation
Leistung
Toleranz
Partnerschaft
Fairneß
Gerechtigkeit

SPIELABLAUF

Die beiden Mitspieler stellen sich im Abstand von mehreren Metern gegenüber auf und werfen einander einen Gegenstand (Ball, Frisbeescheibe, . . .) zu. Der Wurfgegenstand soll nicht zu Boden fallen. Jeder gute Wurf wird von einem Schiedsrichter mit zwei Punkten belohnt. Jedes gelungene Fangen wird ebenfalls mit zwei Punkten belohnt. Ist der Wurf schlecht, der Fänger kann aber trotzdem fangen, erhält er drei Punkte. Bemüht sich der Fänger sehr, den Gegenstand zu fangen, und dieser fällt dennoch zu Boden, so bekommt er für sein Bemühen trotzdem einen Punkt.

REFLEXION

Wie könnte man die Spielregel verschärfen oder noch mildern? Wie wäre das Spiel ohne Schiedsrichter? Wart ihr mit dem Schiedsrichter zufrieden? Kennst du „Schiedsrichterpositionen" im Alltag?

ROLLENSPIEL

- Der ungerechte Schiedsrichter
- Immer werden meine Geschwister bevorzugt!
- Der ungerechte Lehrer

WEITERSPIELEN

E 7.2
Kooperationsspiele

7 Wir-Spiele

7.1 Aufwärmspiele für die Gruppe

Die Aufwärmspiele sind als Einstieg für alle Gruppenspiele und zur Entspannung zwischendurch oder am Ende einer Spielserie geeignet. An die Aufwärmspiele können die verschiedensten Spiele anschließen. Aufwärmspiele bereiten andere Spielserien vor, lockern sie auf oder können sie auch abschließen.

7.1.1 *Luftballonspiel*

ZIELE

Aufwärmen und Lockerung
Namen kennenlernen
Hemmungen abbauen
Kontakt aufnehmen
Bewegung in die Gruppe bringen

SPIELABLAUF

Jeder Mitspieler bläst einen Luftballon auf, zeichnet mit wenigen Strichen ein Selbstporträt darauf und schreibt seinen Vornamen dazu. Nun lassen alle Mitspieler zur Musik die Luftballons in der Mitte des Raumes über ihren Köpfen tanzen. Alle helfen zusammen, daß kein Ballon zu Boden fällt. Wenn die Musik stoppt, fängt jeder Mitspieler einen Ballon – auf keinen Fall seinen eigenen – und versucht, den Besitzer des Ballons zu finden. Wenn alle Luftballons ihre Besitzer gefunden haben, geht der Luftballontanz wieder weiter.

HINWEIS

Bei diesem Spiel geht jeder Spieler von sich selber aus, stellt sich selber dar und nimmt über seine eigene Darstellung mit den anderen Mitspielern Kontakt auf. Das Zeichnen und Tanzen lockert und erleichtert die erste Kontaktaufnahme. Luftballons und leichte Musik animieren ebenfalls zu ungezwungenem Verhalten.
Auch die witzigen Selbstporträts sorgen für Erheiterung. Jeder Mitspieler wird einbezogen, jeder darf und muß Kontakt aufnehmen. Die Einbeziehung von Material (in diesem Fall sind es Luftballons) lenkt von anfänglichen Kontaktproblemen ab.

VARIANTEN

- Das gleiche Spiel wie oben in Kleingruppen nach Luftballonfarben geordnet.
- In Kleingruppen nach der Buchstabenanzahl der Vornamen geordnet, z. B.: Gruppe A: 3 bis 6 Buchstaben, Gruppe B: 7 und mehr Buchstaben.

WEITERSPIELEN

F 7.1
Aufwärmspiele für die Gruppe

WIR-SPIELE — Aufwärmspiele für die Gruppe

7.1.2 Platzwechselspiel

ZIELE

Aufwärmen und Lockerung
Bewegung in die Gruppe bringen
Gemeinsamkeiten entdecken
Rücksicht nehmen

SPIELABLAUF

Im Sesselkreis ist ein Sessel zu wenig. Der Mitspieler, der keinen Sessel hat, steht in der Mitte des Kreises. Er nennt ein Merkmal, das mehreren Mitspielern gemeinsam ist, z. B.: „Blonde Haare". Alle diese Mitspieler wechseln schnell den Sitzplatz. Auch der Mitspieler aus der Kreismitte versucht, einen Platz zu ergattern. Der Mitspieler, der keinen Sitzplatz ergattern konnte, stellt die nächste Aufgabe.

BEISPIELE

„Blue Jeans", „Braune Augen", „Im Winter geboren", „Mädchen", ...

HINWEIS

Dieses Spiel ist auch unter dem Namen „Obstsalat" bekannt.
Beim raschen Platzwechseln kann es zu Zusammenstößen kommen!

WEITERSPIELEN
F 7.1
Aufwärmspiele für die Gruppe

7.1.3 Begrüßungsspiel

ZIELE

Aufwärmen
Kontaktaufnahme anbahnen
Hemmungen abbauen
Aggressionsverzicht üben

SPIELABLAUF

Die Mitspieler gehen im Raum kreuz und quer umher. Das Umhergehen wird durch Hintergrundmusik aufgelockert. Bei Musikstopp verkündet der Spielleiter jedesmal einen Auftrag.

BEISPIELE

„Schüttelt möglichst viele Hände!"
„Klopft möglichst vielen Mitspielern auf die Schultern!"
„Zwickt möglichst viele Mitspieler sanft ins Ohr!"
„Klopft möglichst vielen Mitspielern sanft auf das Gesäß!"
„Fragt möglichst viele Mitspieler nach dem Namen!"

HINWEIS

Der Musikstopp dauert jeweils etwa eine halbe Minute. Dann kommt wieder die Musik, die die Spannung abbaut und die Gruppe wieder lockert. Vor diesem Spiel ist es wichtig, darauf hinzuweisen, daß grobe Berührungen nicht geduldet werden.

REFLEXION

Bei den Aufwärmspielen steht die Reflexion im Hintergrund.

WEITERSPIELEN

F 7.1
Aufwärmspiele für die Gruppe

WIR-SPIELE — Aufwärmspiele für die Gruppe

7.1.4 Begrüßung am Morgen

ZIELE

Aufwärmen
Kontaktaufnahme anbahnen
Hemmungen abbauen

Mit Verhalten experimentieren
Benehmen im Alltag einüben
Stimmungen ausdrücken

SPIELABLAUF

Wie beim Spiel 7.1.3 „Begrüßungsspiele" gehen die Mitspieler kreuz und quer im Raum umher, unterstützt durch lockere Musik. Bei Musikstopp verkündet der Spielleiter jedesmal einen Auftrag:

- Es ist früh am Morgen. Ihr seid schlecht ausgeschlafen. Deshalb geht ihr schweren Schrittes und schaut die Leute, die euch begegnen, nicht an.
- Ihr seid schlecht ausgeschlafen und habt es eilig in die Schule zu kommen. Ihr geht sehr schnell, achtet jedoch darauf, niemanden zu berühren oder zu beachten.
- Heute seid ihr gut ausgeschlafen und guter Laune. Ihr lächelt allen Leuten freundlich zu, während ihr in die Schule schlendert.
- Ihr seid gut aufgelegt, habt es aber schon sehr eilig. Ihr eilt in die Schule und ruft den Leuten, denen ihr begegnet, ein freundliches, flüchtiges „Hallo!" oder „Guten Morgen!" zu.
- Heute hast du es besonders eilig. Du begegnest jedoch einigen Erwachsenen, die dir die Hand schütteln und dich begrüßen. Du entschuldigst dich, daß du es schon eilig hast und gehst schnell weiter.
- In der Schulhalle herrscht großes Gedränge. Du siehst beim gedrängten Umhergehen auf der anderen Seite des Raumes viele Bekannte, winkst ihnen, rufst ihnen einen Gruß zu oder machst sonstwie auf dich aufmerksam.
- Heute ist schulfrei. Du hast Zeit, alle Leute zu begrüßen, du sagst ein paar freundliche Worte und gehst weiter.

REFLEXION

Welches dargestellte Verhalten kannst du bei dir oft selber beobachten? Welches Verhalten anderer Leute ist dir angenehm? Was verstehen Erwachsene unter „gutem Benehmen"?

ROLLENSPIEL

- Rotzbub, kannst du nicht grüßen?
- Du kommst zu spät in die Schule, denn . . .
- Konflikt am Schulweg

WEITERSPIELEN

F 7.1
Aufwärmspiele für die Gruppe

E 7.3.1
Das Aufweckspiel

F 5.1
Was fühle ich

WIR-SPIELE — Kooperationsspiele

7.2 Kooperationsspiele

7.2.1 Gemeinsam auf einem Sessel

ZIELE

Kooperation
Integration
Gruppengefühl aufbauen
Körperkontakt

SPIELABLAUF

Die Sessel werden in zwei Sesselreihen Lehne an Lehne aneinandergestellt. Ein Sessel ist zu wenig. Der Mitspieler, der keinen Platz auf einem Sessel findet, sucht sich einen Mitspieler, auf dessen Schoß er sitzen darf. Musik wird eingeschaltet.
Die Mitspieler gehen im Uhrzeigersinn um die Sesselreihen. Wenn die Musik stoppt, versuchen alle Mitspieler blitzschnell Platz zu nehmen. Wer übrigbleibt, nimmt am Schoß eines Mitspielers Platz. Nach jedem Musikstopp kommt ein Sessel weg, sodaß immer mehr Mitspieler gezwungen sind, am Schoß eines Mitspielers Platz zu nehmen. Zum Schluß bleibt ein Sessel übrig, alle Mitspieler sitzen aufeinander.

VARIANTE

Wie viele Mitspieler haben auf einem Sessel Platz, ohne daß ein Mitspieler den Boden berührt?

REFLEXION

Hast du versucht, möglichst einen Platz auf einem Sessel zu bekommen, oder war es dir egal „nur" einen Schoßplatz zu ergattern?
Hast du dich auf den Schoß eines beliebigen Mitspielers gesetzt, oder hast du dir deinen Platz ausgesucht? Bist du abgelehnt oder problemlos angenommen worden?
Hast du jemanden aufgefordert, auf deinem Schoß Platz zu nehmen? Wie geht es dir sonst, wenn du dich beengt fühlst?

HINWEIS

Dieses Spiel ist zwar nicht für den Einstieg bei ganz neuen Gruppen gedacht, kann aber gut als Aufwärmspiel bei bereits „spielgeübten" Gruppen oder in Gruppen, wo die Mitspieler einander bereits gut kennen, dienen.

ROLLENSPIEL

- Überfülltes Eisenbahnabteil
- Mein Platz in der Klasse ist heute besetzt

WEITERSPIELEN

E 7.2.2
Gemeinsam sind wir leise

E 7.4
Helferspiele

E 6.3
Mit dir zusammenarbeiten

E 8.1.7
Der Fotograf

F 6.3
Mit dir zusammenarbeiten

F 7.2
Kooperationsspiele

F 7.3
Integrationsspiele

F 7.4
Beziehungsspiele

F 7.5.1
Tu was Liebes

F 8.1
Spiel mit Skulpturen

F 8.2
Planspiel

WIR-SPIELE — Kooperationsspiele

7.2.2 Gemeinsam sind wir leise

ZIELE

Kooperation
Kontakt aufnehmen
Beruhigung erreichen
Konzentration fördern

SPIELABLAUF

Beim „Leisespiel" erhebt sich ein Mitspieler ganz leise im Sesselkreis, geht leise auf einen anderen Mitspieler zu, verbeugt sich vor diesem, worauf sich dieser ebenso leise erhebt und auf einen anderen Mitspieler zugeht. Der erste Mitspieler setzt sich auf den freigewordenen Platz. Das Spiel könnte endlos weitergehen, wenn es nicht durch Sprechen, Husten, Poltern, Kichern oder sonstige von einem Mitspieler erzeugte Geräusche unterbrochen wird.

VARIANTE

Es beginnen zwei Mitspieler gleichzeitig, begegnen einander still in der Kreismitte, begrüßen einander schweigend und fordern je einen weiteren Mitspieler zum Aufstehen auf. Die beiden Neuen begrüßen einander wieder geräuschlos in der Mitte.

HINWEIS

Dieses Spiel ist auch als Einstieg bei neuen Gruppen gut geeignet.

ROLLENSPIEL

- Jemandem in der Straßenbahn wortlos den Platz überlassen
- Jemanden in der Warteschlange wortlos vorlassen

WEITERSPIELEN

E 7.2.3
Gemeinsam sind wir laut

E 7.2.1
Gemeinsam auf einem Sessel und alle Weiterspielvorschläge von Spiel E 7.2.1

WIR-SPIELE — Kooperationsspiele

7.2.3 *Gemeinsam sind wir laut*

ZIELE

Kooperation
Aggressionsabbau

SPIELABLAUF

Die Mitspieler übertönen eine künstliche Geräuschquelle, z. B. ein Radio, einen Kassettenrecorder oder eine Geräuscheschallplatte. Sie wählen ähnliche Geräusche, wie sie sie aus der Geräuschquelle hören. Die Lautstärke muß jedoch so dosiert sein, daß die Mitspieler noch auf die Geräuschquelle eingehen können. Ein Dirigent, der durch Heben und Senken der Hände die Lautstärke angibt, kann hilfreich sein.

VARIANTEN

- Eine Gruppe macht mit Gegenständen gemäßigt Lärm, die andere Gruppe versucht mit gleichartigem Lärm die erste Gruppe zu übertönen.
- Alle Mitspieler gehen kreuz und quer umher. Jeder ruft weit entfernten Personen etwas zu oder fragt sie etwas. Wegen der Gleichzeitigkeit versuchen die Mitspieler einander zu übertönen.

REFLEXION

Hattest du schon öfter das Gefühl, laut losschreien zu wollen?
Gibt es Personen, die dich durch ihre Lautstärke mundtot machen?
Wie gut hältst du Lärm aus?
Was kannst du gegen Lärmbelästigung tun?
Kennst du Mitmenschen, die Lärm schlecht vertragen?
Was löst es bei dir aus, wenn dich jemand anschreit?
Ist Schreien immer ein Zeichen von Aggressivität?

ROLLENSPIEL

- Die gestörte Telefonleitung
- Opa ist schwerhörig
- Mama, du brauchst mich nicht immer so anzuschreien!
- Als es uns gelang, dem Lehrer das Schreien abzugewöhnen.

WEITERSPIELEN

E 7.2.4
Gemeinsam sind wir schnell

E 7.2.2
Gemeinsam sind wir leise

E 7.5
Aggressionsspiele

F 7.5
Aggressionsspiele und alle Weiterspielvorschläge von Spiel E 7.2.1

WIR-SPIELE — Kooperationsspiele

7.2.4 *Gemeinsam sind wir schnell*

ZIEL

Nonverbale Kooperation

SPIELABLAUF

Alle Mitspieler sitzen im Sesselkreis. Auf ein Kommando des Spielleiters hin werden die Sessel möglichst schnell in die vom Spielleiter gewünschte Ordnung gebracht. Es soll dabei nicht gesprochen werden.
Der Spielleiter stoppt die benötigte Zeit mit der Stoppuhr (Zeiten unter 30 Sekunden sind rekordverdächtig.) Die Gruppe kann versuchen, ihre persönlichen Rekorde zu verbessern.
Mögliche Kommandos:
„Stellt die Sessel wie in einem Kino auf!"
„Stellt die Sessel wie in einem Kaffeehaus/Autobus/Zug/Zirkus/Büro/Mannschaftstransporter . . . auf!"

VARIANTE

Das Aufstellen soll lautlos geschehen. Zu diesem Zweck soll ein „Spion" den Raum für zehn Minuten verlassen. Innerhalb dieser zehn Minuten sollen die Mitspieler irgendwann beginnen, den Auftrag des Spielleiters zu erfüllen. Öffnet der Spion zwischendurch (weil er ein Geräusch gehört hat) die Tür, ist er Sieger, falls nicht alle Mitspieler auf ihrem Sessel sitzen. Sitzen jedoch alle Mitspieler auf ihrem Sessel, wenn der Spion die Tür öffnet, ist die Gruppe Sieger. Braucht die Gruppe länger als zehn Minuten zum Stellen der Sessel, hat sie verloren.

ROLLENSPIEL

Die Mitspieler üben bei diesem Spiel das rasche Umstellen von „Bühnenbildern" beim Rollenspiel.
Das Eisenbahnspiel: Die Sessel werden aufgestellt wie in Eisenbahnabteilen. Einige Mitspieler steigen spontan aus, der Bahnhofsvorstand verlautbart das Stehenbleiben in bestimmten Stationen und das Abfahren. Reisende steigen ein, suchen sich einen Platz, fragen um Erlaubnis, Platz nehmen zu dürfen, bitten um Hilfe beim Verstauen von Gepäck, beginnen ein Gespräch, fragen den Schaffner oder andere Reisende um Auskunft, steigen aus, später wieder ein usw. Niemand darf länger als vier Stationen ununterbrochen im Zug verbringen.
Ähnlich wie das „Eisenbahnspiel" funktioniert das „Kaffeehausspiel", „Kinospiel", „Strandspiel" usw.

WEITERSPIELEN

E 7.2.5
Gemeinsam sind wir geschickt

E 7.2.3
Gemeinsam sind wir laut und alle Weiterspielvorschläge von Spiel E 7.2.1

WIR-SPIELE

Kooperationsspiele

7.2.5 Gemeinsam sind wir geschickt

ZIEL

Kooperation

SPIELABLAUF

Die Gruppe sitzt im Sesselkreis. Mehrere Mitspieler sind außerhalb des Kreises. Sie sind die Beobachter. Auf ein Zeichen des Spielleiters sollen die Mitspieler gemeinsam ein möglichst hohes Sesselgebilde bauen. Die Mitspieler dürfen das Gebilde durch Festhalten vor dem Umfallen bewahren.
Das Spiel wird mehrmals wiederholt.
Zum Schluß berichten die Beobachter von ihren Eindrücken.

HINWEIS

Vorsicht, Verletzungsgefahr!

VARIANTE

In Gruppen zu dreien, dann zu vieren, fünfen usw. spielen die Mitspieler Zirkusartisten. Sie bauen Menschengebilde, die möglichst viel Geschicklichkeit erfordern. Wieder ist bei jeder Gruppe ein Beobachter, der von seinen Eindrücken berichtet.

REFLEXION

Wer ist mit dem Gruppenergebnis zufrieden oder unzufrieden?
Wer konnte sich genügend oder zu wenig einbringen?
Fühlte sich jemand zu wenig beachtet?
Hatte jemand den Eindruck, daß sich andere zu wenig beteiligten?

ROLLENSPIEL

- Du machst dich zu wichtig!
- Du läßt alles die anderen machen!

WEITERSPIELEN

E 7.2.6
Gemeinsam sind wir stark

E 7.2.4
Gemeinsam sind wir schnell
und alle Weiterspielvorschläge von Spiel E 7.2.1

WIR-SPIELE — Kooperationsspiele

7.2.6 Gemeinsam sind wir stark

ZIEL

Kooperation

SPIELABLAUF

Die Mitspieler stehen im Kreis. Pantomimisch bücken sich nun alle und heben gemeinsam eine schwere Glasplatte hoch. Die Hände der Mitspieler müssen alle gleich hoch anfassen. Die Glasplatte wird einige Meter weit getragen. Sie muß dabei gleich groß bleiben.

VARIANTEN

- Alle Mitspieler rollen gemeinsam eine riesige Leinwand auf.
- Alle Mitspieler ziehen an einem langen Seil gegen eine imaginäre gegnerische Mannschaft.
- Alle Mitspieler rollen eine schwere, fast raumhohe Kugel durch den Rosengarten.
- Alle schieben einen gutmütigen, doch störrischen Elefanten in den Stall.

REFLEXION

Was war das Schwierige an der gemeinsamen Tätigkeit?
Wodurch passierten dabei Fehler?
Bei welchen Tätigkeiten im Alltag braucht man die Mithilfe anderer Personen?
Fühlst du dich wohl bei diesem Spiel oder ist es für dich unangenehm?
Mit welchen Personen würdest du gerne dieses Spiel in der Kleingruppe machen?
Könnte dieses Spiel in deiner Familie klappen?

ROLLENSPIEL

- Die Familie trägt das riesige Schlauchboot zum entfernten Strand.
- Zwei Schülergruppen veranstalten ein Seilziehen (pantomimisch) gegeneinander. Erster Preis ist eine Woche zusätzliche Ferien. Warum hat die eine Schülergruppe verloren?

WEITERSPIELEN

E 7.2.7
Seilmannschaften

E 7.2.5
Gemeinsam sind wir geschickt

E 8.3
Pantomimisches Spiel und alle Weiterspielvorschläge von Spiel E 7.2.1

WIR-SPIELE — Kooperationsspiele

7.2.7 Seilmannschaften

ZIELE

Kooperation
Solidarität
Integration von Außenseitern
Helfen
Mit Sieg und Niederlage umgehen

SPIELABLAUF

Jeder Mitspieler erhält eine fortlaufende Nummer. Alle sitzen im Kreis, der Spielleiter ruft zwei Nummern, die beiden Mitspieler stürzen auf das am Boden liegende Tau und beginnen in ihre Richtung zu ziehen. Andere Mitspieler dürfen sich spontan dazugesellen und einem der beiden helfen.

HINWEIS

Großer Raumbedarf (Turnsaal oder im Freien).

REFLEXION

Warum konnte die eine Mannschaft gewinnen? Wie verlief das Spiel aus der Sicht des Mannschaftsführers? Ist er enttäuscht oder erfreut über die gewährte Hilfe? Fühlte er sich im Stich gelassen? Konnte die Freude über die Solidarität die Enttäuschung über die Niederlage überdecken? Warum ist einem bestimmten Spieler besonders viel geholfen worden?

VARIANTE

Das Seil soll im Gleichgewicht bleiben. Gelingt das drei Minuten lang, dann hat die Gesamtgruppe gewonnen. Das Gleichgewicht bleibt erhalten, wenn die stärkere Gruppe weniger Kraft anwendet oder wenn einige Mitspieler von der momentan stärkeren Mannschaft auf die andere Seite wechseln.

WEITERSPIELEN

E 7.2.8
Papierschlange

E 7.2.6
Gemeinsam sind wir stark

E 7.5.2
Tauziehen

E 7.4
Helferspiele
und alle Weiterspielvorschläge von Spiel
E 7.1.2

7.2.8 Papierschlange

ZIELE

Kooperation
Geschicklichkeit
Toleranz üben

Geduld üben
Gruppengefühl stärken

SPIELABLAUF

Im Sesselkreis beginnt ein Mitspieler von einem großformatigen Zeitungsblatt parallel zum Rand einen etwa 3 cm breiten Streifen herunterzureißen, sodaß der Streifen zum Schluß noch an einem 3 cm langen Ende am Zeitungspapier hängt. Dann gibt er die Zeitung an den linken Partner weiter, der nun in die Gegenrichtung reißt. So entsteht eine Zeitungspapierschlange, die natürlich auch abreißen kann. Der Mitspieler, bei dem sie gerissen ist, beginnt mit dem neuen Rekordversuch.

HINWEIS

Bereits nach dem Erklären des Spiels und noch vor Spielbeginn soll geklärt werden, wie man sich zu verhalten gedenkt, wenn einem Mitspieler das Mißgeschick passiert, daß die Papierschlange reißt. Es ist nicht Aufgabe des Spielleiters, die Mitspieler zu geduldigem Verhalten zu ermahnen. Der Hinweis auf Toleranz und Geduld wird ohnehin von den Mitspielern kommen.

VARIANTE

In der Kleingruppe gemeinsam ein Tier aus Zeitungspapier reißen.

REFLEXION

Schätzt du dich bei solchen und ähnlichen Tätigkeiten als geschickt ein? Welche Mißgeschicke sind dir schon passiert? Kennst du jemanden, der bei Mißgeschicken in der Regel geduldig reagiert? Wie kann man es schaffen, Geduld zu haben? Woraus entsteht Ungeduld? Was kann man gegen ungeduldige Menschen tun? Wie behandelt man ungeduldige Menschen?

ROLLENSPIEL

- Du bist so ungeschickt, mit dir spiele ich nicht mehr!
- Du hast so wenig Geduld mit mir!
- Immer schimpfst du gleich!
- Das Mißgeschick

WEITERSPIELEN

E 7.2.7
Seilmannschaften

E 5.3.5
Gegenstände im Kreis weitergeben

E 6.3
Mit dir zusammenarbeiten

F 6.3
Mit dir zusammenarbeiten und alle Weiterspielvorschläge von Spiel E 7.2.1

7.3 Integration neuer Mitschüler

7.3.1 Das Aufweckspiel

ZIELE

Berührungs- und Schwellenängste abbauen
Beobachtung anderer Menschen
Einfühlungsvermögen beim Berühren
Den Neuen ins Spiel einbauen
Körperkontakt ohne Aggressivität
Blind vertrauen
Zuneigung zeigen

SPIELABLAUF

Nachdem der Neue namentlich vorgestellt wurde, darf er bei einigen einfachen Spielen den Spielleiter spielen. Beim Aufweckspiel haben alle Mitspieler die Augen geschlossen. Der Spielleiter geht von einem zum anderen und „weckt ihn auf", worauf dieser die Augen öffnet. Das Aufwecken kann durch verschiedene Berührungen geschehen oder durch Worte.

VARIANTEN

- Aufwecken nach dem Schneeballsystem: Jeder Mitspieler, der aufgeweckt wurde, geht nun seinerseits zu einem anderen Mitspieler und weckt ihn auf die gleiche Art auf, mit der er aufgeweckt wurde. Dann setzt er sich wieder. Nur der Neue (der Spielleiter) darf mehrere Mitspieler aufwecken.
- Aufwecken durch Zuruf: „Das Mädchen mit dem blauen Kleid und den langen schwarzen Haaren soll aufwachen!" (Hier ist es notwendig, daß alle Mitspieler vorher die Möglichkeit haben, sich nochmals selber genau anzuschauen.)

HINWEIS

Der Vorteil bei diesem Spiel liegt darin, daß sich der Neue die Mitspieler vorerst anschauen kann, ohne daß er von ihnen ständig gemustert wird, da die anderen ja die Augen geschlossen haben. Er nimmt Kontakt auf, wie es seiner Art entspricht, er kann wählen zwischen verbalem Kontakt und Körperkontakt. Jeder läßt sich gerne vom Neuen aufwecken.

WEITERSPIELEN

E 7.3.2
Das Mengenspiel

E 7.2
Kooperationsspiele

E 5.1
Was mag ich

E 5.3.1
Den Raum wahrnehmen

E 6.1.1
Namen weiterflüstern

E 6.1.7
Mein rechter Platz ist leer – einmal anders

E 6.2
Dich wahrnehmen

E 6.3
Mit dir zusammenarbeiten

E 7.5.10
Schwellenangst

E 8.3
Pantomimisches Spiel

F 6.1
Dich kennenlernen

F 6.3
Mit dir zusammenarbeiten

F 7.3
Integrationsspiele

WIR-SPIELE

Integration neuer Mitschüler

Der Neue darf beim Spiel auf keinen Fall überfordert werden, daher: Die bei den „Weiterspielvorschlägen" angegebenen Spiele sind auch für „Spielanfänger" leicht spielbar. Beim Reflexionsgespräch soll der Neue nicht zu Aussagen gedrängt werden. Er hat möglicherweise mit diesen Methoden noch keine Erfahrung.

REFLEXION

Wie wirst du in der Regel munter?
Wer weckt dich auf besonders angenehme Weise auf?
Welche Berührungen sind dir angenehm oder unangenehm?
Wagst du es, fremde Menschen zu berühren?
Was kann die Berührung durch jemand Fremden bedeuten?

WIR-SPIELE | Integration neuer Mitschüler

7.3.2 Das Mengenspiel

ZIELE

Schwellenängste abbauen
Körperkontakt
Die Gruppenstruktur kennenlernen

Optische Wahrnehmung schulen
Vertrauen aufbauen
Kontakt aufnehmen

SPIELABLAUF

Bis auf den Neuen haben alle Mitspieler die Augen geschlossen. Der Neue führt nun die Blinden einzeln zu Gruppen nach bestimmten Kriterien in verschiedene Ecken des Raumes zusammen. Wenn alle Mitspieler ihren Platz bei einer Gruppe haben, versuchen sie zuerst durch gegenseitiges Abtasten zu erraten, wer bei ihrer Gruppe ist, dann öffnen sie die Augen und versuchen das gemeinsame Merkmal in ihrer Gruppe herauszufinden.

BEISPIELE

Alle Mitspieler mit Blue Jeans
Alle Mitspieler mit gleich langen Haaren
Alle Mädchen/alle Buben

Alle Großen/alle Kleinen
Alle mit gleicher Haarfarbe

VARIANTEN

- Der Spielleiter kann dem Neuen bei der Festlegung der Gruppenmerkmale helfen.
- Alle Mitspieler sitzen blind im Sesselkreis und halten ein für den Neuen gut sichtbares Namenskärtchen in der Hand. Der Neue sammelt nun die Namenskärtchen nach den Merkmalen der Personen ein und legt sie in verschiedene Ecken des Raumes auf den Boden. Die Mitspieler öffnen nun die Augen, suchen ihr Kärtchen in einer Ecke des Raumes und erraten gemeinsam mit ihren Gruppenmitgliedern ihr gemeinsames Merkmal.
- Ein Mitspieler geht hinaus. Der Spielleiter gibt mehrere Mengenbildungsaufträge. Wenn alle Mengen gebildet sind, kommt der Mitspieler herein und versucht die Mengenbildungskriterien zu erraten. Bei mehreren Spieldurchgängen wird der Neue mehrmals in verschiedenen Gruppenzusammensetzungen integriert sein. Am Ende aller Spieldurchgänge sitzen wieder alle Mitspieler im Sesselkreis und erzählen, bei welchen Kriterien sie mit dem Neuen in der selben Gruppe waren.
- Ein Ratender geht hinaus. Der Spielleiter teilt nun die übrigen Mitspieler in drei Gruppen. Sie sollen sich in Reihen aufstellen. Die erste Gruppe stellt sich der Körpergröße nach auf. Die zweite Gruppe stellt sich nach der Haarfarbe (von dunkel nach hell) auf. Die dritte Gruppe stellt sich nach dem Gewicht auf. Welchen Platz hat der Neue in der Gruppe?

WEITERSPIELEN

E 7.3.3
Viele Fragen an den Neuen

E 7.3.1
Das Aufweckspiel

E 5.3
Was nehme ich wahr

E 8.1.4
Statuenpaare

E 8.2.1
Märchenfigurenpaare

E 6.2
Dich wahrnehmen

F 7.2.3
Wir sehen gleich aus

F 8.1.1
Versteinerte Paare und alle Weiterspielvorschläge von Spiel *E 7.3.1*

WIR-SPIELE — Integration neuer Mitschüler

7.3.3 Viele Fragen an den Neuen

ZIELE

Kennenlernen anbahnen
Gesprächskontakt herstellen
Gemeinsamkeiten finden
Ehrliche Antworten geben
Gemeinsame Eigenschaften erkennen
Fragen für erste Kontaktaufnahme formulieren
Gegensätze erkennen
Geheimnisse akzeptieren
Schwächen ehrlich zugeben
Schwellenangst abbauen
Vertrauen in die Gruppe aufbauen

SPIELABLAUF

Für dieses Spiel werden Fragekärtchen in Gruppenstärke benötigt. Je nach Alter der Kinder können die Kärtchen auf verschiedene Art entstanden sein:

- Jeder Mitspieler macht zuerst reihum im Sesselkreis verbal einen Vorschlag für das Fragekärtchen, das er im Anschluß schreiben möchte.
- Jeder Mitspieler erstellt selber einen Fragenkatalog von 10 Fragen.
- Der Spielleiter hat die Fragekärtchen vorbereitet.

Nun zieht ein Mitspieler nach dem anderen ein Kärtchen aus dem Stapel und stellt dem Neuen eine Frage. Dieser antwortet und kann dann auch Gegenfragen stellen.
Beispiele für Fragen: „Wie alt bist du?"
„Wovor hast du Angst?"
„Was kann dich zum Lachen bringen?"
„Was ist deine Lieblingsfarbe?"

VARIANTEN

- Der Neue zieht aus dem Stapel Kärtchen und fragt die anderen.
- Es wurden Fragebögen in Klassenstärke vorbereitet. Die Mitspieler interviewen einander partnerweise. Der Neue wird dann von seinem Partner vorgestellt. Dieser sucht sich ebenfalls einige Mitspieler aus, von denen er möchte, daß sie von ihren Partnern vorgestellt werden.

HINWEIS

Dieses Spiel eignet sich besonders auch zum Begrüßen und Kennenlernen von Besuchern in der Gruppe.

ROLLENSPIEL

(Der Neue soll hier nicht, oder nur auf dessen ausdrücklichen Wunsch, eine „Hauptrolle" spielen.)

- Das Verhör
- Peinliche Fragen der Eltern
- Das Interview mit einer berühmten Persönlichkeit

WEITERSPIELEN

E 7.3.4
Hier bin ich

E 7.3.2
Das Mengenspiel

E 7.5.10
Schwellenangst

F 8.1
Spiel mit Skulpturen

F 7.5.11
Agentenspiel

F 8.3.4
Befragung
und alle Weiterspielvorschläge von Spiel E 7.3.1

WIR-SPIELE — Integration neuer Mitschüler

7.3.4 Hier bin ich

ZIELE

Mit der „Mittelpunktposition" umgehen
Körperkontakt und Nähe ertragen
Akustische Wahrnehmung schulen
Aggressionsverzicht und Rücksicht üben
Blind orientieren und vertrauen
Integration
Abbau von Schwellenangst

SPIELABLAUF

Bis auf den Neuen gehen alle Mitspieler blind im Raum umher. Der Neue geht mit offenen Augen umher. Der Spielleiter tippt einem Mitspieler auf die Schulter. Dieser Mitspieler ruft laut den Namen des Neuen und „Wo bist du?". Dieser antwortet mit „Hier bin ich!" Darauf bleibt er stehen. Die anderen versuchen ihn blind zu erreichen. Sie können ihn auch noch einmal rufen, falls sie die Orientierung verloren haben.

HINWEIS

Die blinden Mitspieler müssen beim Blindgehen mit der immer größer werdenden Enge zurechtkommen. Rücksicht und aggressionsfreies Nebeneinander sind hier ein wesentliches Ziel. Der Neue hat Zeit, die anderen zu beobachten, ohne aufdringlichem Blickkontakt ausgeliefert zu sein.

REFLEXION

War das Näherkommen und die Nähe für den Neuen bedrohlich?
Wie kann die Gruppe helfen, allenfalls dabei entstandene Spannungen abzubauen?
Was beobachtete der Neue?

WEITERSPIELEN

E 7.3.5 *Informationen für den Neuen*
E 7.3.3 *Viele Fragen an den Neuen*
E 5.3.7 *Geräusche wahrnehmen*
E 6.1.1 *Namen weiterflüstern*
E 6.2.6 *Du berührst mich*
E 7.1 *Aufwärmspiele für die Gruppe*
E 7.2 *Kooperationsspiele*
E 7.4.5 *Das Hilfeschreispiel*
E 7.4.11 *Das Schmerzschreispiel*
E 7.5.1 *Tiere im Urwald*
E 7.5.5 *Wilde Tiere*
F 7.1.1 *Rufen, Fragen, Erzählen*
F 7.2.1 *Wir hängen alle zusammen*
F 7.3.1 *Blindenmemory*
F 7.4.1 *Gruppennetz*
F 7.5.1 *Tu was Liebes*
F 7.5.5 *Gedränge und alle Weiterspielvorschläge von Spiel E 7.3.1*

WIR-SPIELE — Integration neuer Mitschüler

7.3.5 Informationen für den Neuen

ZIELE

Durch Einfühlungsvermögen Wissenswertes mitteilen können
Ehrliche Aussagen über Stärken und Schwächen der Gruppe treffen
Gefühl für die Gruppensituation entwickeln
Gruppenanalyse fördern
Falsche Bescheidenheit und Angeberei bei der Information vermeiden

SPIELABLAUF

Jeder Mitspieler zieht einen Buchstaben des Alphabets (Buchstabenkärtchen, Holzbuchstaben). Wenn jeder einen Buchstaben hat, folgt eine „Nachdenkminute". Jeder Mitspieler überlegt, welches Stichwort, das zur Situation der Klasse paßt, mit diesem Buchstaben beginnt.

BEISPIELE

A: Abfälle. Manchmal gibt es Probleme in der Klasse, weil manche die Abfälle am Boden liegen lassen.
B: Bücher. Wir haben viele tolle Bücher in der Klasse.
C: Sebastian spielt manchmal den Clown in unserer Klasse.
D: Durcheinander. Manchmal gibt es bei unseren Spielen ein großes Durcheinander.

Die Buchstaben werden in die Mitte des Kreises gelegt. Der Neue erzählt nun einige Fakten, die er sich von der Gruppe gemerkt hat.

REFLEXION

Hat der Neue etwas über Probleme in der Klasse erfahren? Was hat besonders guten Eindruck auf den Neuen gemacht? Welche Probleme waren ähnlich in einer Gruppe oder in einer Klasse, die er bisher kennengelernt hat?

HINWEIS

Der Neue darf nicht in die Verlegenheit gebracht werden, schon anfangs verbal zu seiner Sichtweise der Gruppe Stellung nehmen zu müssen. Seine Kommentare können spontan und freiwillig erfolgen. Das Vorstellen der Gruppe bietet eine Möglichkeit die Gruppenzusammensetzung, Gruppenregeln, Positionen in der Gruppe, latente Konflikte, usw. zu überdenken. Deshalb stellen Besucher in der Klasse ein fruchtbares Mittel zur Gruppenanalyse dar.

WEITERSPIELEN

E 7.3.3
Viele Fragen an den Neuen und die dort angegebenen Weiterspielvorschläge

7.4 Helferspiele

7.4.1 Das Helfermemory

ZIELE

Hilfe anbieten und Hilfe annehmen
Kontakt und Kommunikation aufnehmen
Partnerschaft
Soziale Wahrnehmung schulen
Vertrauen und Abhängigkeit spüren
Integration

SPIELABLAUF

Es gibt zehn Notsituationskärtchen und zwanzig Helferkärtchen. Die Helferkärtchen passen zu den Notsituationskärtchen. Ein Helferkärtchen kann jedoch zu mehreren Notsituationskärtchen passen. Ansonsten wird das Spiel nach den üblichen Memoryspielregeln gespielt.

VARIANTEN

- Die Hälfte der Mitspieler erhält Notsituationskärtchen, die andere Hälfte Helferkärtchen. Die Mitspieler gehen im Raum umher. Auf ein Zeichen des Spielleiters bitten die Hilfesuchenden die Helfer um ihr Kärtchen. Wer findet so schnell wie möglich Hilfe? Wer bietet so schnell wie möglich die passende Hilfe an?
- Statt Memory zu spielen, kann dieses Spiel auch mit den Spielregeln des „Schwarzer Peter"-Spiels gespielt werden. In diesem Fall wird das Spiel in der Kleingruppe gespielt. Der „Schwarze Peter" ist das Kärtchen mit dem Wort „Egoist".
- Die Schüler erfinden in Kleingruppen ihr eigenes Helfermemory, mit anderen Kärtchen.

HINWEISE

Auch wenn nicht alle Helferkärtchen sehr wirkungsvolle oder originelle Hilfen darstellen, regen sie während des Spiels zu Diskussionen über Problemlösungen an.

REFLEXION

Was bedeutet Egoismus? Woran kann ich „Notsituationen" erkennen? In welchen Notsituationen war ich schon? Was war mir dabei eine Hilfe?

ROLLENSPIEL

Die Mitspieler ziehen Notsituationskärtchen und spielen die Situationen im Rollenspiel.

WEITERSPIELEN

E 7.4.2
Das Trösterspiel

E 7.1
Aufwärmspiele für die Gruppe

E 6.3
Mit dir zusammenarbeiten

E 7.2
Kooperationsspiele

E 7.5.1
Tiere im Urwald

E 8.2
Märchenspiel

F 5.1
Was fühle ich

F 5.2
Was denke ich

F 6.1
Dich kennenlernen

F 6.3
Mir dir zusammenarbeiten

F 7.1.3
Durch den Wald tasten

F 7.2
Kooperationsspiele

F 7.3
Integrationsspiele

F 7.4
Beziehungsspiele

F 7.5.1
Tu was Liebes

Kopiervorlage 1 für das „Helfermemory", Spiel 7.4.1

Ich habe zu wenig Freunde in der Klasse.	Mach eine tolle Party!	Versuche das Problem mit einem Mitschüler zu besprechen!
In Mathematik kenne ich mich einfach nicht aus.	Frag einen Mitschüler, ob er zu dir nach Hause kommt! Ihr könnt lernen und spielen.	Versuche dem Lehrer und den Eltern zu beweisen, daß du eifrig bist!
Meine Eltern spielen nie etwas mit mir.	**EGOIST**	Wünsch dir zum Geburtstag auf einem Wunschzettel ein Spiel mit einem „Spiel mit mir"-Gutschein!
Mein Vater dreht immer den Fernseher ab, und sagt „Du glotzt zu viel!"	Beweise deinem Vater, daß du nicht zu viel fernsiehst, indem du deine Sendungen in der Programmzeitschrift anzeichnest!	Mach deinen Vater auf eine Fernsehsendung aufmerksam, die euch beide interessiert!
Ich möchte auch so ein schönes Fahrrad wie die anderen Kinder.	Überlege, wie du zusätzlich Geld verdienen könntest!	Lade alle deine Freunde mit ihren Fahrrädern zu dir nach Hause ein!
Ich habe zu wenig Taschengeld.	Erzähl dein Problem einigen vertrauten erwachsenen Verwandten!	Frage deine Eltern, wie du das Problem lösen könntest!

Kopiervorlage 2 für das „Helfermemory", Spiel 7.4.1

Ich wage es nicht, meinen Eltern vom mißlungenen Test zu berichten.	Du bittest den Lehrer darum, eine Prüfung, auf die du dich gut vorbereitest, machen zu dürfen.	Du machst in den nächsten Tagen die Hausübungen und Schulübungen besonders schön.
Meine Freundin redet schon drei Tage kein Wort mehr mit mir.	Du besorgst ein nettes Geschenk.	Du sagst, daß du traurig bist und eine Aussprache möchtest.
Ich habe mein Hausübungsheft verloren.	Du übernimmst ein paar freiwillige Aufgaben.	Du machst eine Extra-Hausübung und gestaltest sie besonders schön.
Mein Vater hat gesagt, ich habe drei Tage Hausarrest.	Du bietest deinem Vater deine Hilfe bei einigen Arbeiten an.	Du besorgst dir eine Menge Bücher und bleibst einige Tage gemütlich zu Hause.
Das Computerspiel, das mir meine Mutter geschenkt hat, ist unauffindbar. Sie wird mir sicher nichts Wertvolles mehr schenken.	Du kaufst dir ein neues Spiel von deinem gesparten Geld.	Du hilfst deiner Mutter beim Suchen eines Gegenstandes, den sie verlegt hat. Sie freut sich darüber und wird dann sicher Verständnis für deine Situation haben.
Wenn mein Bruder das meinen Eltern erzählt, kann ich was erleben!	Du unternimmst mit ihm etwas, das er schon lange tun wollte.	Du gestehst selber alles deinen Eltern.

WIR-SPIELE — Helferspiele

7.4.2 Das Trösterspiel

ZIELE

Problembewußtsein wecken	Integration
Gesprächsführung üben	Zuneigung zeigen
Zuhören üben und Verständnis wecken	Vorurteile abbauen
Hilfe anbieten und Hilfe annehmen	Partnerschaft
Kontakt und Kommunikation aufnehmen	Vertrauen aufbauen und Vertrauen haben
Solidarität mit Schwachen aufbauen	Flexibilität und Einfühlungsvermögen üben

SPIELABLAUF

Jeder zweite Spieler erhält einen Problemzettel. Er liest sich den Zettel durch. Nun werden diese „Problembesitzer" von den anderen Spielern, die keine Problemzettel haben, besucht und nach ihrem Kummer gefragt, etwa: „Warum schaust du heute so traurig?"

Das „Problemkind" erzählt von seinem Unglück. Das andere Kind schlüpft nun in die Rolle eines Freundes, eines Nachbarkindes, eines Lehrers, einer Mutter oder in eine sonstige Rolle, in der es glaubt, dem Problemkind Rat geben oder eine sonstige Hilfe anbieten zu können.

Nach diesem Gespräch sucht sich der Helfer ein anderes Problemkind, bis er etwa vier Probleme behandelt hat. Alle „Problemgespräche" finden gleichzeitig statt. Der Wechsel von einem Problemkind zum anderen findet ungelenkt statt. Wer mit einem Gespräch fertig ist, sucht sich selbständig ein anderes Problemkind, das gerade keinen Partner hat.

Nun folgt die Feedback-Runde. Im Sesselkreis liest nun jedes Problemkind sein Problem vor und schildert die Hilfestellung jenes Helfers, die ihm am meisten dienlich war. Die Entscheidung sollte, wenn möglich, begründet werden. Der Grund für die Entscheidung kann im einfühlsamen Verhalten des Helfers liegen, kann aber auch in einer originellen oder echt hilfreichen Problemlösungsidee liegen.

HINWEISE

Wer sich vom therapeutischen Spiel abgrenzen will, soll als Spielleiter den Kindern Zettel geben, die nicht tatsächlich ein Problem dieses Kindes betreffen: So bleibt es ein Rollenspiel. Eine Möglichkeit wäre, daß die Problemkinder sich ihren Problemzettel selber aussuchen dürfen. Beim Feedback ist zu überlegen, ob die Gruppe die Reife besitzt, auch unbrauchbare „Hilfen", die von Helfern angeboten wurden, zu besprechen.

WEITERSPIELEN

E 7.4.3
Das Helferspiel

E 7.4.1
Das Helfermemory und alle Weiterspielvorschläge von Spiel E 7.4.1

Kopiervorlage zum „Trösterspiel", Spiel 7.4.2

PROBLEMZETTEL 1	**PROBLEMZETTEL 2**	**PROBLEMZETTEL 3**	**PROBLEMZETTEL 4**
Alle haben eine moderne Frisur, nur ich trage Zöpfe, weil mein Vater es so will. Die anderen ziehen mich bei den Zöpfen und spotten mich aus.	Ich habe Asthma und darf bei nichts Sportlichem mittun. Darum habe ich keine Freunde.	Ich bin der schwächste Bub der Klasse. Immer gehen alle auf mich los.	Ich lebe bei Pflegeeltern. Die haben mich sehr gern und ich sie auch. Aber die anderen Kinder sekkieren mich und sagen: „Du kommst sicher ins Heim."
PROBLEMZETTEL 5	**PROBLEMZETTEL 6**	**PROBLEMZETTEL 7**	**PROBLEMZETTEL 8**
Ich habe ein sehr gutes Zeugnis, aber weil ich nicht gut lesen kann, habe ich in Deutsch einen Zweier. Jetzt muß ich mit meinen Eltern jeden Tag zu Hause eine Stunde lesen üben und meine besten Freunde lachen mich aus.	Ich bekomme fast jeden Tag eine Strafarbeit, weil ich die Hausübung nie in Ordnung habe. Die anderen glauben, daß ich faul bin.	Ich bin der einzige in der Klasse, der einen Fünfer im Zeugnis hat. Sicher glauben alle, ich bin dumm.	Weil mich die Sprachheillehrerin betreut, sagen jetzt alle „Stotterer" zu mir.
PROBLEMZETTEL 9	**PROBLEMZETTEL 10**	**PROBLEMZETTEL 11**	**PROBLEMZETTEL 12**
Alle sagen „Dicki" zu mir, weil ich 10 Kilo zu viel habe. Ich würde am liebsten davonlaufen.	Wenn jemand in der Klasse was anstellt, sagen sie immer, daß ich schuld bin. Die Frau Lehrerin hilft auch immer zu den anderen.	Mein Vater säuft so viel. Die anderen Kinder erzählen mir oft, daß sie meinen Vater wieder betrunken am Hauptplatz gesehen haben. Ich schäme mich so.	Meine Eltern mögen meine jüngeren Geschwister lieber als mich.
PROBLEMZETTEL 13	**PROBLEMZETTEL 14**	**PROBLEMZETTEL 15**	**PROBLEMZETTEL 16**
Ich habe einmal eine Füllfeder gestohlen. Jetzt sagen immer alle, daß ich ein Dieb bin.	Wir fahren in der nächsten Woche auf Schullandwoche. Alle werden erfahren, daß ich Bettnässer bin.	Ich bin das einzige Kind in der Klasse, das zu Hause keinen Fernseher hat. Wenn die anderen über das Fernsehen reden, kann ich nicht mitreden.	Ich bin erst seit zwei Monaten in dieser Klasse, weil wir übersiedelt sind. Ich habe in dieser Klasse noch immer keine Freunde.

WIR-SPIELE — Helferspiele

7.4.3 Das Helferspiel

ZIELE

Problembewußtsein wecken
Hilfe anbieten und Hilfe annehmen
Kontakt und Kommunikation herstellen
Solidarität mit Schwachen
Flexibilität und Einfühlungsvermögen üben
Kreativität fördern
Die Beziehung in der Gruppe vertiefen
Positives Denken: An Problemlösungsmöglichkeiten glauben
Soziale Wahrnehmung und Einfühlungsvermögen stärken

SPIELABLAUF

Es gibt für jeden Mitspieler ein Bild, auf welchem sich ein Kind in einer Notsituation befindet. Diese Bilder können eigene Fotos, aus Illustrierten gesammelte Bilder oder selbstgezeichnete Bilder sein. Die Bilder können auch in Skulpturtechnik selber dargestellt und fotografiert werden. (Siehe: E 8.1 oder F 8.1)

BEISPIELE

Ein Kind fürchtet sich alleine zu Hause im Bett.
Ein Kind steht auf einer einsamen Straße einer Gruppe von Rowdies gegenüber.
Ein Kind hat soeben die Fensterscheibe des Nachbarn eingeschossen.

Neben den Situationsbildern gibt es auch viermal so viele Helferkärtchen, auf denen Gegenstände aufgezeichnet sind, wie Haus, Blumenstrauß, Schnur, Hubschrauber, Medizin, Hammer, ...
Nun beginnt ein Mitspieler anhand seines Notsituationsbildes in der Ich-Form seine Notsituation zu beschreiben. Reihum schenken nun die anderen Mitspieler dem Notleidenden ein Gegenstandsbild und begründen auch, warum sie meinen, daß dieser Gegenstand hilfreich sein könnte. Zum Schluß verteilt der Notleidende Spielmünzen an jene Mitspieler, die ihm mit ihrem Gegenstand am hilfreichsten waren.

HINWEIS

Dieses Spiel ist in ähnlicher Form im Ravensburgerverlag als „Helferspiel" erschienen. Es ist für alle Altersstufen vom Kindergarten bis zur Hauptschule spielbar.

REFLEXION

Hast du lieber die Hilfe von dir befreundeten Gruppenmitgliedern angenommen? Wie war es mit „unmöglichen" Hilfen?

WEITERSPIELEN

E 7.4.4
Prüfungsangst

E 7.4.2
Das Trösterspiel und alle Weiterspielvorschläge von Spiel E 7.4.1

VARIANTEN

Alle Notsituationsbilder werden gemischt, ebenfalls die Helferkärtchen. Jeder Mitspieler zieht ein Bild und ein Helferkärtchen. Mit diesem Kärtchen muß er nun manchmal sehr kreative Einfälle haben, um jemandem helfen zu können – oder er muß passen.
Ab dem 4. Schuljahr können die meisten Mitspieler eine Notsituation auf einem Zettel in mehreren Sätzen beschreiben; statt Bilder zu verwenden, werden diese Zettel verteilt.

ROLLENSPIEL

Darstellen der Situationen im Rollenspiel:
Stegreifspiel, Soziales Rollenspiel (F 8.3)
Planspiel (F 8.2)

7.4.4 Prüfungsangst

ZIELE

Prüfungsängste abbauen
Hilfe annehmen und Hilfe geben
Mit Wettbewerb umgehen
Mit Macht und Ausgeliefertsein umgehen
Solidarität und Gruppengefühl stärken
Wahrnehmung trainieren
Mit Ehrlichkeit und Unehrlichkeit umgehen
Thematisieren von „gerechter Beurteilung"
Blickkontakt herstellen

SPIELABLAUF

Ein Mitspieler ist der Prüfling. Er verläßt den Raum. Der Lehrer schreibt 5 Sätze mit schwierigen Fakten an die Tafel.

BEISPIEL

Der Flugsaurier lebte vor 70 Millionen Jahren.
Der Lehrer setzt sich nun im Abstand von zwei Metern vor die Tafel mit dem Blick zur Tafel. Hinter seinem Rücken sitzen die anderen Mitspieler. Nun kommt der Prüfling in den Raum. Er stellt sich zwischen Lehrer und Tafel mit dem Rücken zu dieser. Der Lehrer stellt nun Prüfungsfragen, wie z. B. „Wann lebten die Flugsaurier?". Die Mitspieler verwenden alle möglichen „Einsagetricks", um dem Prüfling zu helfen.

HINWEIS

Im anschließenden Gespräch wird über Prüfungsängste gesprochen.
Angstträume von Schülern und Schulabsolventen beziehen sich häufig auf Prüfungen. Es gibt vierzigjährige Erwachsene, die noch heute schweißgebadet in der Nacht aufschrecken, weil sie von der Matura geträumt haben. Die Erinnerung an trickreich bestandene Prüfungen ist später ein triumphales Gesprächsthema und entschädigt für viele Ängste, die man durchzustehen hatte. Die Erinnerung an Kollegen, die beim Schwindeln halfen, tut wohl. Die Hilfe beim Schwindeln schweißt eine Klasse zusammen. Der Haß auf ungerechte, hinterhältige Prüfer und deren Prüfungsmethoden kann besonders groß sein. So mancher Schüler kann sich erinnern, daß er etwas in der Schule nicht wußte und deshalb „zur Sau" gemacht wurde. Lehrer, die zu den Schülern fair sind, und deren Schüler nie in ähnlichen Situationen waren, werden dieses Spiel gemeinsam mit ihren Schülern mit Schmunzeln spielen können. Falls die Schüler Freunde in anderen Klassen haben, die nicht in dieser glücklichen Situation sind, werden sie mit Hilfe dieses Spiels und nach der Reflexion darüber andere Schüler, die Prüfungsängste haben, verstehen können. Die Wichtigkeit des Themas wird durch zahlreiche Schülerselbstmorde belegt.

WEITERSPIELEN

E 7.4.5
Das Hilfeschreispiel

E 7.4.3
Das Helferspiel

E 7.5.2
Tauziehen

E 7.5.3
Das Ich-Du-Wir-Würfelspiel

E 7.5.5
Wilde Tiere

E 7.5.4
Zeitlupenkampf

E 7.5.9
Die Beschuldigung

E 7.5.12
Vampir-Spiel

E 5.2
Was kann ich

E 6.3
Mit dir zusammenarbeiten

E 7.2
Kooperationsspiele

E 8.3
Pantomimisches Spiel

F 5.2
Was denke ich

F 6.1.9
Wahrheit oder Lüge

F 6.3
Mit dir zusammenarbeiten

F 7.5.2
Wahlkampf

F 7.5.4
Bedrohungskreis

WIR-SPIELE   Helferspiele

REFLEXION

Hatte der „Prüfling" im Spiel Angst? Was ist der Unterschied zwischen diesem Rollenspiel und einer echten Prüfungssituation? Wodurch wird diese Situation so negativ? Welche Alltagssituationen weisen ähnliche Merkmale auf? Wie können sich bestandene oder nichtbestandene Prüfungssituationen auf Menschen auswirken? Wer würde sich in der Situation eines Prüfers wohlfühlen? Wie wäre dein Verhalten zum Prüfling? Was kann einen Mitschüler daran hindern, einzusagen?

ROLLENSPIEL

- Ich habe die Prüfung nicht bestanden: Was nun?
- Führerscheinprüfung
- Aufnahmeprüfung in einen eigenartigen Verein

WIR-SPIELE — Helferspiele

7.4.5 Das Hilfeschreispiel

WEITERSPIELEN

E 7.4.6 *Der Notfallkoffer*

E 7.4.4 *Prüfungsangst*

E 7.5.5 *Wilde Tiere*

E 7.5.7 *Kampflinie*

E 7.5.11 *Geisterbahn*

E 7.5.12 *Vampir-Spiel*

E 7.5.13 *Wolf im Schafspelz*

E 7.2.3 *Gemeinsam sind wir laut*

F 7.5.4 *Bedrohungskreis*

F 7.5.7 *Imponiergehabe der Streithähne*

und alle Weiterspielvorschläge von Spiel E 7.4.1

ZIELE

Hilfe geben und Hilfe annehmen
Aggressionsfreier Körperkontakt
Vertrauen haben und Zuneigung zeigen
Aufwärmen

Kontakt und Kommunikation fördern
Das Gruppengefühl fördern
Soziale Wahrnehmung stärken

SPIELABLAUF

Es werden drei Gruppen gebildet. Dann gehen alle drei Gruppen durcheinander im Raum umher. Nun ruft der Spielleiter eine Gruppe auf, z. B. „Gruppe 3!". Alle Mitspieler der Gruppe 3 schreien laut, stöhnen oder rufen um Hilfe, bevor sie ohnmächtig zu Boden sinken. Die Mitspieler der Gruppen 1 und 2 stürzen auf die Hilferufenden zu und halten diese oder fangen sie auf, bevor sie zu Boden fallen. Wer trotzdem zu Boden fiel, wird von mehreren Mitspielern wiederbelebt und wieder auf die Füße gestellt. Das Spiel geht weiter, der Spielleiter ruft nach einiger Zeit einen anderen Gruppennamen.

REFLEXION

Welche Arten des Um-Hilfe-Schreiens gibt es noch?
Was verstehst du unter „fast unmerklichen Hilfeschreien"?
Finde Beispiele, wo Hilfeschreie ungehört bleiben!

ROLLENSPIEL

Eine Familie sitzt abends zu Hause. Es ist still. Plötzlich glaubt jemand, draußen einen Schrei gehört zu haben. Die verschiedensten Vermutungen werden angestellt. Was soll man tun?

WIR-SPIELE — Helferspiele

7.4.6 Der Notfallkoffer

ZIELE

Hilfe anbieten
Soziale Wahrnehmung stärken
Solidarität und Zuneigung zeigen
Mit Einfühlungsvermögen schenken
Beziehung und Gruppengefühl stärken

SPIELABLAUF

Ein Mitspieler geht auf Reisen (oder er zieht wirklich aus dem Ort weg, übersiedelt gemeinsam mit seinen Eltern).
Die Mitspieler schreiben auf einen Zettel ein Stichwort auf, das dem Reisenden auf seiner Reise helfen könnte. Es kann auch ein Bild, ein Foto oder eine Zeichnung sein, worauf die Hilfe dargestellt ist. Reihum legt jeder Mitspieler seinen Zettel in den Koffer (Tasche) in der Kreismitte und sagt, wie dieser Gegenstand oder diese Person dem Reisenden helfen könnte.

HINWEIS

Dieses Spiel haben wir auch beim Elternabend am Beginn des Schuljahres gespielt: Was geben die Eltern ihren Kindern für das Schuljahr mit?

REFLEXION

Welche Gaben haben mich besonders gefreut?
Wie gut kennen mich meine Mitschüler?

ROLLENSPIEL

Die Überraschung im Reisekoffer

WEITERSPIELEN

E 7.4.7
Ich bin in den Brunnen gefallen

E 7.4.5
Das Hilfeschreispiel

E 5.1
Was mag ich

E 7.2
Kooperationsspiele

F 6.1.5
Begrüßung – Verabschiedung

F 6.1.13
Das Geschenkespiel

F 6.2.1
Du schätzt mich ein

F 7.4
Beziehungsspiele

WIR-SPIELE — Helferspiele

7.4.7 Ich bin in den Brunnen gefallen

ZIELE

Spaß beim Helfen haben
Aggressionsfreien Körperkontakt herstellen
Zuneigung zeigen
Kreativität und Geschicklichkeit fördern
Partnerschaft

SPIELABLAUF

Ein Mitspieler steht in der Mitte des Sesselkreises, läßt sich fallen und ruft: „Ich bin in den Brunnen gefallen!" Die anderen fragen: „Wer soll dich herausziehen?" Antwort: „Wer das lustigste Gesicht schneiden kann."
Andere Beispiele:
„Wer am lautesten lachen kann."
„Wer am längsten den Kopfstand machen kann."
Der Hilfesuchende nennt den Helfer, der ihn nun aus dem Brunnen zieht. Dieser fällt nun selber in den Brunnen.

WEITERSPIELEN

E 7.4.8
Wir helfen dem Schwächsten

E 7.4.6
Der Notfallkoffer und alle Weiterspielvorschläge von Spiel E 7.4.1

7.4.8 Wir helfen dem Schwächsten

WEITERSPIELEN

E 7.4.9
Bruder hilf!

E 7.4.7
Ich bin in den Brunnen gefallen

E 7.5.5
Wilde Tiere

E 7.5.9
Die Beschuldigung

E 7.5.10
Schwellenangst

E 7.5.11
Geisterbahn

E 7.5.12
Vampir-Spiel

E 7.5.13
Wolf im Schafspelz

E 8.2
Märchenspiel

F 7.1.3
Durch den Wald tasten

F 7.1.4
Über Wurzeln stolpern

F 7.1.5
Durch das Dickicht

F 7.2
Kooperationsspiele

F 7.3
Integrationsspiele

F 7.5
Aggressionsspiele

ZIELE

Durch solidarisches Verhalten stark sein
Aggressionsfreies Siegen und Verlieren üben
Kooperation fördern
Mit Integration und Behinderung umgehen können
Abhängigkeit von der Gruppe annehmen können
Vertrauen in die Gruppe haben
Bei Angst Schutz suchen

SPIELABLAUF

Ein Freiwilliger steht als Fänger in der Mitte des Raumes. Die anderen Mitspieler stehen auf einer Seite des Raumes. Ein beliebiger Mitspieler meldet sich freiwillig als „Schwächster der Gruppe". Dem Fänger wird bekanntgegeben, wer der Schwächste ist. Nun versucht die Gruppe, die andere Seite des Raumes zu erreichen, wobei der Fänger versucht, den Schwächsten zu fangen (zu berühren). Aufgabe der Gruppe ist es, dies zu verhindern. Dabei darf jedoch niemandem wehgetan werden.

VARIANTE

Der Fänger weiß nicht, wer der „Schwächste" ist. Er berührt möglichst viele Spieler – vielleicht erwischt er auch zufällig den Schwächsten?

REFLEXION

Welche Möglichkeiten gibt es, Aggression auszuweichen?
Wie fühlt man sich als „Schwächster" bei diesem Spiel?
Müssen auch „Starke" manchmal von den anderen beschützt werden?
Wer will erzählen, in welchen Situationen er sich schon einmal schwach fühlte?
Wer hat dir geholfen?
Wodurch wurde dir geholfen?
Konntest du dir selber helfen?
Wer braucht in dieser Gruppe gelegentlich Hilfe?
Wer war noch nie schwach?
Könnte es passieren, daß auch dieser Mitspieler einmal schwach ist?

WIR-SPIELE — Helferspiele

7.4.9 Bruder hilf!

WEITERSPIELEN

E 7.4.10 Versteinert – erlöst
E 7.4.8 Wir helfen dem Schwächsten
E 7.5.7 Kampflinie
E 7.2 Kooperationsspiele
E 5.1.5 Die gute Fee
E 6.2.5 Du bewegst mich
E 6.2.6 Du berührst mich
E 6.3 Mit dir zusammenarbeiten
E 8.2 Märchenspiel
F 5.3.7 Eigenschaften verteilen
F 6.3 Mit dir zusammenarbeiten
F 7.3 Integrationsspiele
F 7.5 Aggressionsspiele

ZIELE

Hilfe suchen und Hilfe geben
Zuneigung und Abhängigkeit zeigen
Solidarität und Partnerschaft trainieren
Stärke und Macht durch Einigkeit erzielen
Kooperation und Gruppengefühl steigern
Berührung als Schutz erkennen
Integration

SPIELABLAUF

Es gibt einen freiwilligen Fänger. Wer Gefahr läuft, gefangen zu werden, gibt schnell einem anderen Mitspieler die Hand mit den Worten „Bruder hilf!" Sobald der Fänger außer Reichweite ist, laufen die Mitspieler wieder einzeln weiter. Wer abgeschlagen ist, ist nun der Fänger.

REFLEXION

Wann hast du zuletzt jemanden um Hilfe gebeten?
Kann man jeden, wie bei diesem Spiel, um Hilfe bitten?
Bei diesem Spiel kann der Hilfesuchende nicht abgewiesen werden. Wie ist es in der Realität?
Ist es immer so leicht zu helfen?
„Ich reiche dir die Hand" ist auch eine Redewendung. Was bedeutet sie?
Manchmal können wir einem Hilfesuchenden nicht helfen.
Wir geben ihm dann einfach unsere Hand. Warum?

WIR-SPIELE — Helferspiele

7.4.10 Versteinert – erlöst

ZIELE

Hilfe geben
Zuneigung zeigen
Solidarität und Partnerschaft
Kooperation
Körperkontakt als Hilfe annehmen
Integration

SPIELABLAUF

Ein freiwilliger Fänger versucht, die anderen Mitspieler abzuschlagen. Wer abgeschlagen ist, bleibt „versteinert" stehen. Er kann durch andere Mitspieler erlöst werden, indem diese ihn mit dem Ausruf „Erlöst!" berühren. Nun läuft der „Versteinerte" wieder weiter.

VARIANTEN

- Wer versteinert ist, steht mit gegrätschten Beinen da. Er wird von anderen Mitspielern erlöst, indem diese zwischen seinen Beinen durchkriechen.
- Wer versteinert ist, wird erlöst, indem er von einem anderen Mitspieler huckepack ins „Krankenhaus" (in eine Ecke des Raumes) getragen wird. Während des Krankentransports kann nicht abgeschlagen werden.
- Wer versteinert ist, kann dadurch erlöst werden, daß er von zwei anderen Mitspielern, die einander die Hände reichen, umringt wird.

REFLEXION

Gab es Spieler, die das Gefühl hatten, daß ihnen die anderen zu wenig geholfen haben?
Welches Gefühl ist es, auf Hilfe zu warten?
Welches Gefühl ist es, jemanden erlöst zu haben?
Gibt es in der Realität Situationen, wo man darauf wartet, erlöst zu werden?
Nenne Lebenssituationen, in denen es einfach ist, jemanden zu erlösen. Nenne solche Situationen, wo dir persönlich keine Mittel zur Verfügung stehen.

WEITERSPIELEN

E 7.4.11
Das Schmerzschreispiel

E 7.4.9
Bruder hilf!
und alle Weiterspielvorschläge von Spiel
E 7.4.1

WIR-SPIELE — Helferspiele

7.4.11 *Das Schmerzschreispiel*

ZIELE

Aggressionsfreier Körperkontakt
Helfen und Hilfe annehmen
Partnerschaft und Solidarität üben
Geduldig auf Hilfe vertrauen
Zuneigung durch Hilfeleistung zeigen

SPIELABLAUF

Die Mitspieler gehen im Raum umher. Ein Mitspieler ist der Fänger. Mit einem Luftballon berührt er sein Opfer an einer Körperstelle. Das Opfer schreit so lange vor Schmerz, bis ihm ein Mitspieler pantomimisch ein Pflaster auf die verwundete Stelle geklebt hat. Der Verletzte kann jedoch vor Schmerz dem Helfer bei der Suche der verletzten Stelle weder durch Worte noch durch Zeigen helfen. Wer verarztet ist, geht wieder weiter. Die Helfer dürfen, während sie jemanden verarzten, selber nicht verletzt werden.

VARIANTE

Ein Mitspieler (der Täter) flüstert dem Opfer ein Schimpfwort ins Ohr. Darauf bricht das Opfer in Schluchzen aus. Andere Mitspieler helfen, indem sie versuchen, durch Fragen, die der beleidigte Mitspieler nur mit „Ja" oder „Nein" beantworten darf, herauszufinden, was passiert ist. Sie trösten nun den Verletzten, und er ist wieder erlöst.

REFLEXION

Wann wurdest du das letzte Mal von jemandem absichtlich verletzt? Gibt es eine Berechtigung, jemandem absichtlich körperlichen Schmerz zuzufügen? Erzählt von Ereignissen, wo ihr jemandem unabsichtlich körperlichen Schmerz zugefügt habt!
Es gibt auch seelischen Schmerz. Nennt Beispiele!
Gibt es seelischen Schmerz, der ärger als körperlicher Schmerz sein kann? Kann man seelischen Schmerz vermeiden? Wie kann man sich dagegen schützen? Wie kann man seelische Verletzungen behandeln?

ROLLENSPIEL

- Rauferei im Schulhof
- Streite nicht ab, daß du das absichtlich gemacht hast!
- Sei mir nicht böse! Das habe ich doch nicht so gemeint.

WEITERSPIELEN

E 7.4.12
Transporthilfe

E 7.4.10
Versteinert – erlöst und alle Weiterspielvorschläge von Spiel E 7.4.5

WIR-SPIELE — Helferspiele

7.4.12 Transporthilfe

ZIELE

Hilfe geben und Hilfe annehmen
Geduld beim Helfen aufbringen
Nonverbale Kommunikation üben
Kooperationsfähigkeit und Gruppengefühl fördern
Partnerschaft und Zuneigung zeigen
Wahrnehmung und Einfühlung trainieren

SPIELABLAUF

Ein Mitspieler stellt pantomimisch den Transport eines schwer zu transportierenden Gegenstandes dar. Er trägt, zieht oder schiebt etwas. Ein Mitspieler, der glaubt zu erkennen, um welchen Gegenstand es sich handelt, versucht mitanzupacken. Falls er falsch anpackt, weil er vielleicht an einen falschen Gegenstand gedacht hat, kann er vom anderen Mitspieler pantomimisch berichtigt werden. Dieser kann ihm auch zeigen, wo und wie er anpacken soll. Der Gegenstand kann auch kurzfristig abgestellt werden. Der Helfer kann jedoch auch, falls er sich allzu ungeschickt anstellt, weggeschickt werden. Es können auch mehrere Helfer zusammenarbeiten. Ist das Ziel – die andere Seite des Raumes – erreicht, schreibt jeder der Helfer auf einen Zettel den Namen des transportierten Gegenstandes. Dann werden die Zettel verglichen. Sind sie gleich, oder glaubte der eine, einen Elefanten zu ziehen, während der andere eine Kiste mit Gläsern trug?

VARIANTE

Jemandem pantomimisch beim Errichten eines bestimmten Bauwerkes helfen.

HINWEIS

Bei pantomimischen Spielen wird manchmal zu hastig und zu klein in den Bewegungen vorgegangen. Vorerfahrungen mit pantomimischen Übungen sind daher von Vorteil, z. B. Spiel 8.3.

REFLEXION

Woran hast du die Hilfebedürftigkeit des Mitspielers erkannt? Habt ihr euch gegenseitig gut unterstützt? Wie habt ihr euch verständigt? Hat sich der Helfer gut anleiten lassen? Hat der Helfer zuviel geholfen? Mußtet ihr füreinander viel Geduld aufbringen?

ROLLENSPIEL

- Warum muß ausgerechnet immer ich bei dieser Arbeit helfen?
- Misch dich nicht immer ein, laß mich das alleine tun!
- Wenn du so widerwillig bist, brauchst du mir überhaupt nicht zu helfen!
- Dick und Doof

WEITERSPIELEN

E 7.4.13
Tragewettlauf

E 7.4.11
Das Schmerzschreispiel

E 8.3
Pantomimisches Spiel

E 8.1
Statuenspiel

E 6.3
Mit dir zusammenarbeiten

F 6.3
Mit dir zusammenarbeiten

F 8.1
Spiel mit Skulpturen

7.4.13 Tragewettlauf

ZIELE

Partnerschaftliches, geschicktes Kooperieren üben
Koordination von Tätigkeiten fördern
Mit Leistung und Wettbewerb umgehen
Mit Siegen und Verlieren umgehen lernen
Im Gespräch gegensätzliche Vorhaben koordinieren
Abhängigkeit von einem Partner aushalten können

SPIELABLAUF

Die Mitspieler bilden vom Spielleiter willkürlich zusammengewürfelte Paare. Sie haben den Auftrag, zwei Langbänke von einer Seite des Turnsaals auf die andere Seite hintereinander zu transportieren. Das heißt, die zweite Langbank darf erst transportiert werden, wenn die erste die gegenüberliegende Wand berührt hat. Jedes Paar kommt nur einmal dran.

Es können Rekorde aufgestellt werden. Wer konnte alleine eine Bank am schnellsten (Stoppuhr) transportieren? Welches Paar konnte zu zweit eine Bank am schnellsten transportieren? Welches Paar konnte zu zweit die beiden Bänke hintereinander am schnellsten transportieren? Welches Paar war am schnellsten, wenn die Mitspieler ihre Bank einzeln hintereinander trugen und wenn die beiden Zeiten zusammengezählt wurden.

Jedes Paar berät über die Variante, für die es sich entschieden hat und teilt sie dem Schiedsrichter dann mit.

Dieser trägt die erreichten Zeiten auf seiner Tabelle ein. Nach der Siegerehrung bildet der Spielleiter wiederum willkürlich Paare. Und die Paare können noch einmal einen Rekordversuch starten.

HINWEIS

Das ist ein Spiel für den Turnsaal. Es kann auch bei einem Waldspaziergang mit zwei großen, am Boden liegenden Ästen gespielt werden. Die zweite Spielrunde ist wichtig, um das Erlernte (das Ergebnis der Reflexion) auch anwenden zu können (Lernen bedeutet Verhaltensänderung).

REFLEXION

Was war ausschlaggebend dafür, daß ihr euch beim ersten Mal für die eine Variante entschieden habt? Was war ausschlaggebend dafür, daß ihr bei dieser Variante geblieben seid? Wer von euch beiden konnte sich bei der Wahl der Variante besser durchsetzen? Habt ihr zusammengeholfen? Wer war mit seinem Partner unzufrieden oder über ihn verärgert? Wie wirkte die willkürliche Paarbildung durch den Spielleiter auf dich?

WEITERSPIELEN

E 7.4.14
Das Schulbeginnspiel

E 7.4.12
Transporthilfe und alle Weiterspielvorschläge von Spiel E 7.4.1

WIR-SPIELE — Helferspiele

7.4.14 Das Schulbeginnspiel

ZIELE

Schulängste bewältigen
Wünsche äußern
Kreativität fördern
Positives Denken üben
Gruppengefühl stärken

SPIELABLAUF

Der Spielleiter legt in die Kreismitte eine Menge Gegenstände oder Bilder. Jeder der Gegenstände kann als Symbol für einen Wunsch für das Schuljahr stehen. Die Schüler nehmen reihum einzeln je einen Gegenstand und geben ihn mit einer verbalen Erklärung in eine leere Schultasche (Schultüte).

BEISPIELE

Wecker (Pünktlichkeit)
Stein (Langeweile)
Bleistift (Geschichten schreiben)
Stück Holz (geduldiger Lehrer)

VARIANTEN

- Statt der konkreten Gegenstände können auch eine Menge verschiedener Glasperlen, Muscheln, Steine genommen werden. Es können die Wünsche auch auf Zettel geschrieben werden.
- Das Spiel kann auch in Form des Spiels 5.1.2 „Hinlaufspiel" ausgewertet werden. Aufbewahrte Zettel können am Ende des Schuljahres überprüft werden. Waren sie zutreffend?
- Das Spiel kann auch als „Geschenkespiel" gespielt werden. Man überreicht dabei einzelnen Mitspielern „Wünsche" und „Geschenke" für das Schuljahr.
- Die Wünsche für das Schuljahr können mit den vom Lehrer vorbereiteten Lehrerwünschen verglichen werden.
- Es kann eine „Pflichtschultasche" und eine „Rechtschultasche" eingepackt werden.

WEITERSPIELEN

E 7.4.13
Tragewettlauf

E 7.1
Aufwärmspiele für die Gruppe

E 5.1
Den Raum wahrnehmen

E 7.2
Kooperationsspiele

F 5.1
Was fühle ich

F 6.1
Dich kennenlernen

F 6.3
Mit dir zusammenarbeiten

F 7.1
Aufwärmspiele für die Gruppe

F 7.2.5
Gemeinsam die Klasse planen

F 7.4
Beziehungsspiele

F 7.5
Aggressionsspiele

WIR-SPIELE — Aggressionsspiele

7.5 Aggressionsspiele

7.5.1 Tiere im Urwald

ZIELE

Aggressionsverzicht üben
Aggressionsfreien Körperkontakt herstellen
Vertrauen in die Mitspieler, statt Angst vor Grobheiten entwickeln
Körpererfahrung zulassen
Taktile Wahrnehmung schulen
Einfühlungsvermögen und Rücksicht üben
Körperkontakt und Kommunikation aufnehmen

SPIELABLAUF

Die Mitspieler sitzen im Sesselkreis. Alle Mitspieler machen das gleiche wie der Spielleiter. Der Spielleiter legt, während er am Sessel sitzt, seine Hände auf den Boden. Er formt sie zu Fäusten und sagt: „Ein Elefant geht durch den Urwald." (Die Fäuste stapfen am Boden.) „Er geht den Berg hinauf und kommt auf eine Ebene." (Die Fäuste stapfen über die Unterschenkel und stapfen auf den Oberschenkeln umher.) „Er geht nach links." (Die Fäuste stapfen am Rücken des linken Nachbarn umher.) „Er geht nach rechts." (Die Fäuste verlassen den Rücken des linken Nachbarn und wandern über die eigenen Oberschenkel auf den Rücken des rechten Nachbarn.) „Er geht wieder zurück in den Urwald." (Die Fäuste bewegen sich über die Ober- und Unterschenkel wieder auf den Boden.) „Der Elefant begegnet einem Hasen." (Die Hände hoppeln am Boden umher.) „Der Hase läuft den Berg hinauf." (Unter-, Oberschenkel, linker Rücken, rechter Rücken, . . .)
Andere Tiere: Löwen, Ameisen, Schlangen, Flamingos, . . .

HINWEIS

Der Spielleiter macht darauf aufmerksam, daß auf keinen Fall Grobheiten passieren dürfen. Manchen Kindern passiert dies jedoch unabsichtlich. Sie können die Intensität der Berührung schwer einschätzen. Von Vorteil ist bei diesem Spiel, wenn die Spieler die verschiedenen Tiere immer zuerst am Boden und dann am eigenen Körper ausprobieren.

REFLEXION

Welche Berührungen waren dir angenehm oder unangenehm?
Bei welchen Berührungen war es schwirig, nicht grob zu sein?
Merktest du Unterschiede zwischen den Sitznachbarn?

WEITERSPIELEN

E 7.5.2 *Tauziehen*
E 6.2 *Dich wahrnehmen*
E 6.3 *Mit dir zusammenarbeiten*
E 7.1 *Aufwärmspiele für die Gruppe*
E 7.2 *Kooperationsspiele*
E 7.3.1 *Das Aufweckspiel*
E 7.4.5 *Das Hilfeschreispiel*
E 7.4.11 *Das Schmerzschreispiel*
E 8.1.5 *Schaufensterpuppen*
F 6.1.4 *Namens-Zip-Zap*
F 6.3 *Mit dir zusammenarbeiten*
F 7.1.3 *Durch den Wald tasten*
F 7.1.4 *Über Wurzeln stolpern*
F 7.1.5 *Durch das Dickicht*
F 7.5.1 *Tu was Liebes*

| WIR-SPIELE | Aggressionsspiele |

7.5.2 Tauziehen

ZIELE

Mit Sieg und Niederlage umgehen
Körperliche Unterlegenheit annehmen können
Umgang mit Wettbewerb üben
Mit Ärger beim Verlieren umgehen können
Die Leistung anderer akzeptieren

SPIELABLAUF

Jeder Mitspieler erhält reihum eine Nummer. Die Mitspieler sitzen in einem weiten Kreis am Boden. In der Mitte liegt ein Tau. Der Spielleiter ruft zwei Nummern, die beiden Aufgerufenen springen auf, ergreifen das Tau und ziehen um die Wette. Wer „verschläft", hat verloren.

VARIANTE

Gruppen ziehen, nach bestimmten Merkmalen vom Spielleiter aufgerufen, gegeneinander.

BEISPIEL

Blaue Hosen gegen rote Hosen.

REFLEXION

Warum hast du verloren? Hatten die Verlierer überhaupt eine Chance? Warum war es ein ungleicher Kampf?
Wie reagierten die Sieger, wie die Verlierer?
Wie hast du dich nach dem Kampf gefühlt?
Wie könnte man die Spielregel verändern, damit es ein fairer Kampf wird?
Was können die Sieger tun, damit die Verlierer sich nicht ärgern oder sich gedemütigt fühlen?
Wie kann der Verlierer negative Gefühle bewältigen oder vermeiden?

HINWEIS

Siehe Kampfspiele, S. 13!

ROLLENSPIEL

- Du bist schuld, daß wir das Match verloren haben!
- Mama, ich geh nicht mehr zum Fußballtraining!
- Ihr habt nur gewonnen, weil ihr unfair gespielt habt!
- Ich bin der Größte und Beste!

WEITERSPIELEN

E 7.5.3
Das Ich-Du-Wir-Würfelspiel

E 7.5.1
Tiere im Urwald

E 5.2
Was kann ich

E 6.2
Dich wahrnehmen
und alle Weiterspielvorschläge von Spiel E 7.5.1

WIR-SPIELE — Aggressionsspiele

7.5.3 Das Ich-Du-Wir-Würfelspiel

ZIELE

Aggressionsverzicht üben
Einfühlsames Verhalten trainieren
Schenken und Geschenke annehmen können
Kontakt zulassen
Schüchternheit abbauen
Rücksicht, Vertrauen, Toleranz, Zuneigung üben
Kommunikation aufbauen

SPIELABLAUF

Jeder Mitspieler überlegt sich eine originelle Tätigkeit, die irgendein Mitspieler vor der ganzen Gruppe durchführen könnte.
Diese Tätigkeit soll auf keinen Fall jemandem weh tun, jemandem peinlich sein oder jemanden überfordern.
Nun kommt reihum im Sesselkreis jeder Mitspieler einzeln dran, die von ihm erdachte Tätigkeit zu nennen. Hat er sie genannt, würfelt er mit dem Ich-Du-Wir-Würfel.
Zeigt der Würfel die Ich-Seite, so muß der Spieler die Tätigkeit selber durchführen, zeigt er die Du-Seite, bestimmt er jemanden, der die Tätigkeit durchführen muß, zeigt er die Wir-Seite, müssen alle Mitspieler gleichzeitig die Tätigkeit durchführen.

VARIANTE

Das Ich-Du-Wir-Würfelspiel als Brettspiel in der Kleingruppe:
Die Aktionskärtchen werden ausgeschnitten. Auf einem Karton werden 18 Felder aufgezeichnet. Jedes dritte Feld ist ein Aktionsfeld, auf dem die Aktionskärtchen mit der Rückseite nach oben liegen. Auf jedem Aktionsfeld liegen drei Kärtchen. Ein Feld wird als Startfeld gekennzeichnet.
Es wird mit einem normalen Spielwürfel gewürfelt, die entsprechende Augenzahl mit der Spielfigur gezogen. Landet die Figur auf einem Aktionsfeld, würfelt der Spieler noch zusätzlich mit dem Ich-Du-Wir-Würfel. Nach Durchführung der Tätigkeit wird das Kärtchen wieder unter den Stapel dieses Aktionsfeldes geschoben. Da die 18 Felder kreisförmig am Spielbrett angeordnet sind, kann das Spiel beliebig lange gespielt werden. Es können von den Spielern noch weitere Kärtchen hergestellt werden.

HINWEIS

Durch den Ich-Du-Wir-Würfel ist gewährleistet, daß die von den Spielern erdachten Tätigkeiten auch tatsächlich durchführbar sind. Der Erfinder der Tätigkeit weiß, daß er eventuell selber die Tätigkeit durchführen wird müssen. Der Ich-Du-Wir-Würfel ist im Spielzeughandel erhältlich, bzw. kann unschwer selber hergestellt werden.

WEITERSPIELEN

E 7.5.4 Zeitlupenkampf
E 7.5.2 Tauziehen
E 5.1.3 Das Wünschespiel
E 6.1 Dich kennenlernen
E 6.2 Dich wahrnehmen
E 6.3 Mit dir zusammenarbeiten
E 7.1 Aufwärmspiele für die Gruppe
E 7.3 Integration neuer Mitspieler
E 7.4 Helferspiele
E 8.1 Statuenspiel
F 6 Du-Spiele
F 7.2 Kooperationsspiele
F 7.4 Beziehungsspiele
F 7.5 Aggressionsspiele
F 8.1 Spiel mit Skulpturen

Kopiervorlage zu 7.5.3 „Ich-Du-Wir-Würfelspiel"

Schüttle einem Mitspieler die Hand!	Sag deinem rechten Nachbarn etwas Nettes ins Ohr!	Erzähle einem Mitspieler viele schöne Dinge über einen anderen Mitspieler!
Klopfe einem Mitspieler freundschaftlich auf die Schulter!	Erzähle einem beliebigen Mitspieler, wo du mit ihm gerne gemeinsam Urlaub machen würdest!	Such dir einen Mitspieler aus, den du gerne rund um den Spieltisch tragen würdest!
Spiele mit einem Mitspieler eine besonders freundliche Begrüßung! Ihr habt euch schon lange nicht gesehen.	Zähle von jedem deiner Mitspieler eine gute Eigenschaft auf!	Spiele mit einem Mitspieler ein kurzes Rollenspiel: Du hast ihn beleidigt und jetzt tust du alles, um ihn wieder zu versöhnen!
Kraule einem Mitspieler den Nacken!	Bestimme einen Mitspieler, der von einem beliebigen Aktionsfeld für dich ein Kärtchen aussuchen darf!	Spiele mit einem Mitspieler ein kurzes Rollenspiel: Er ist traurig und du versuchst herauszufinden warum, um ihn trösten zu können!
Setz dich vorsichtig auf den Schoß des linken Nachbarn und laß dich eine Minute lang schaukeln!	Teile deinem linken Nachbarn mit, was du ihm schenken würdest, wenn du sehr viel Geld hättest!	Wähle einen Mitspieler aus, mit dem du gemeinsam einen dritten Spieler eine Runde im Raum tragen möchtest!
Massiere einem von dir ausgewählten Mitschüler sanft den Rücken!	Suche im Raum einen Gegenstand, den dein rechter Mitspieler während des Spiels gerne neben sich als Ziergegenstand stehen hätte!	Umarme alle Mitspieler sanft, aber herzlich!

7.5.4 Zeitlupenkampf

WEITERSPIELEN

E 7.5.5
Wilde Tiere

E 7.5.3
Das Ich-Du-Wir-Würfelspiel

E 7.5.7
Kampflinie

E 7.5.11
Geisterbahn

E 7.5.12
Vampir-Spiel

E 6.2.5
Du bewegst mich

E 6.2.6
Du berührst mich

E 6.3
Mit dir zusammenarbeiten

E 7.1.3
Begrüßungsspiele

E 7.1.4
Begrüßung am Morgen

E 7.2.7
Seilmannschaften

E 7.4.8
Wir helfen dem Schwächsten

E 7.4.11
Das Schmerzschreispiel

F 6.3
Mit dir zusammenarbeiten

F 7.1.3
Durch den Wald tasten

F 7.5.6
Kriegstanz

F 7.5.7
Imponiergehabe der Streithähne

ZIELE

Aggressionsverzicht üben
Aggressionsabbau erreichen
Mit Ärger über eine Niederlage umgehen
Bewegung kontrollieren
Faires Verhalten als Sieger zeigen
Mit Wettbewerb umgehen
Körpererfahrung und Geschicklichkeit trainieren
Leistungsfähigkeit und Schwächen anderer akzeptieren

SPIELABLAUF

Zwei Mitspieler ringen miteinander in Zeitlupe in einem Ringerturnier. Es gibt einen Schiedsrichter, der mit einem Gong die Runden einläutet. Er bringt auch die beiden Kämpfer auseinander, wenn er es für angebracht hält.
Zum Sieger kürt er den Ringer, der sich am deutlichsten in Zeitlupe bewegen konnte.

VARIANTE

Zwei Gruppen bewegen sich in Zeitlupe aufeinander zu. Beim Aufeinandertreffen beginnt ein Zeitlupenkampf. Vom Spielleiter wurde von vornherein festgelegt, welche Gruppe die Verlierergruppe zu spielen hat.
Beim zweiten Durchgang spielt die andere Gruppe die Verlierergruppe. Die Siegergruppe spielt anschließend „Siegesfreude" (ebenfalls in Zeitlupe und pantomimisch).
Wie verhalten sich die Verlierer?

REFLEXION

War es für dich schwierig, freiwillig den Verlierer darzustellen? Kann es auch Spaß machen, den Verlierer zu spielen?
Welches Gefühl hattest du als Sieger? Was löste der Anblick der Siegesfreude deiner Gegner bei dir aus, als du Verlierer warst?
Was bewirkt das gemeinsame Siegen in der Gruppe?
Würdest du das Spiel noch einmal spielen, auch wenn du von vornherein wüßtest, daß du einen Verlierer spielen müßtest?
Wer kann dieses Spiel in normaler Geschwindigkeit (also nicht in Zeitlupe) spielen, ohne daß es zu Grobheiten kommt? Bei welchen Spielen im Alltag hast du große Siegeschancen?
Gibt es Kampfspiele, die du lieber vermeidest? Versetzen dich Kampfspiele in große Spannung? Hattest du nach Kampfspielen einen Zorn auf den Gegner? Welches Verhalten wünscht du dir vom Sieger oder vom Verlierer?
Schaust du gerne bei Kampfsportarten zu?

WIR-SPIELE

Aggressionsspiele

HINWEIS

Das Spielen in Zeitlupe ist besonders schwierig. Als Vorübung kann der Zeitlupenwettlauf dienen. Fünf Spieler starten auf ein Zeichen des Spielleiters gleichzeitig von der einen Seite des Raumes in Zeitlupe.
Die Bewegungen sehen aus, wie die eines Hundertmeterläufers. Bedingung ist, daß die Bewegung nie stockt. Wessen Bewegung stockt, scheidet aus. Sieger ist, wer als letzter die andere Seite des Raums erreicht.
Beachten Sie bitte auch meine Hinweise zum Thema Kampfspiele auf Seite 13!

ROLLENSPIEL

- Das ist ungerecht, daß ich verloren habe!
- Du bist schuld, daß wir das Match verloren haben!
- Du hast verloren und wirst ausgespottet
- Er hat mit der Rauferei angefangen!
- Ein ungleicher Kampf

7.5.5 Wilde Tiere

ZIELE

Aggressionsabbau erreichen
Aggressionsverzicht üben
Mit Angst umgehen können
Die Gruppe als Schutz erkennen

SPIELABLAUF

Die Mitspieler bewegen sich am Boden wie wilde Tiere. Sie begegnen einander aggressiv, ohne einander zu berühren.

VARIANTEN

- Eine Hunde- und Katzengruppe begegnet einander.
- Die Gruppe bildet drei Kleingruppen:
  Gruppe A und B bauen gemeinsam vielbeinige und vielarmige phantastische Ungeheuer. Die Gruppe C bewegt sich zwischen diesen brüllenden und sich bedrohlich bewegenden Ungeheuern.
- Jede Vierergruppe bildet ein Ungeheuer. Die Ungeheuer begegnen einander. „Scheinkämpfe" finden statt.
- Zwei Ungeheuer begegnen einander. Abwechselnd brüllen sie einander an.
- Ein freiwilliger Mitspieler sitzt in der Mitte des Raumes in einer steinzeitlichen Höhle. Die Höhle wird durch sechs Mitspieler dargestellt. Auf ein Zeichen des Spielleiters nähert sich ein Tier bedrohlich der Höhle. Es kann die Höhle umschleichen, es kann auch durch ein Loch in die Höhle kriechen, darf den Höhlenmenschen auch berühren, darf ihm jedoch nicht weh tun. Auf ein Zeichen des Spielleiters zieht sich dieses Tier wieder an den Rand des Raumes zurück und das nächste wilde Tier kommt.

HINWEIS

Die Mitspieler dürfen einander nicht ins Ohr brüllen. Wenn das Spiel zu aggressiv wird, kann der Spielleiter das Kommando „versteinert" oder das Kommando „Zeitlupe" einsetzen. Nach diesem Spiel soll ein lustiges Bewegungsspiel siehe 7.1 „Aufwärmspiele" zur Entspannung stattfinden. Falls nachher konzentriert gearbeitet werden soll, kann ganz zum Schluß noch ein Konzentrationsspiel stattfinden.

REFLEXION

Was hat dich am meisten bedroht? War es das Gebrüll oder leises Knurren? War es die plötzliche Stille? War es die Nähe des wilden Tieres? War es der bedrohliche Anblick? War es das Schleichen, oder war es ungestümes Verhalten?
Was hast du getan, um deine Spannung abzubauen?

WEITERSPIELEN

E 7.5.6
Kriminalkommissar

E 7.5.4
Zeitlupenkampf

E 7.5.7
Kampflinie

E 7.5.8
Die Friedenssprache

E 7.5.11
Geisterbahn

E 7.5.12
Wolf im Schafspelz

E 7.2
Kooperationsspiele

E 8.2
Märchenspiel

F 7.1
Aufwärmspiele für die Gruppe

F 7.5.4
Bedrohungskreis

F 7.5.5
Gedränge

F 7.5.6
Kriegstanz

F 7.5.7
Imponiergehabe der Streithähne

F 7.5.8
Spießrutenlauf

- Welches Verhalten anderer Menschen im Alltag findest du bedrohlich?
- Fürchtest du dich im Alltag vor bestimmten Tieren?
- Konntest du als wildes Tier Wirkung erzielen?
- Machte es dir Freude, den anderen zu beeindrucken?

ROLLENSPIEL

„Steinzeitmenschen": Ein Späher stürzt in die Höhle. Er berichtet der Gruppe vom Nahen eines Rudels wilder Tiere. Die Gruppe beschließt schnell Maßnahmen zu ihrem Schutz.

WIR-SPIELE — Aggressionsspiele

7.5.6 Kriminalkommissar

ZIELE

Mit Mißtrauen und Verdacht umgehen
Umgang mit Schuldgefühlen und schlechtem Gewissen üben
Mit Angst vor Entdeckung umgehen

SPIELABLAUF

Es gibt zwei Spielergruppen. Die Mitspieler der Gruppe A bekommen vom Spielleiter ein Memorykärtchen, das sie gut sichtbar in der Hand halten. Die Mitspieler der Gruppe B erhalten ebenfalls Memorykärtchen, die zu denen der Gruppe A passen. Die Mitspieler der Gruppe B zeigen jedoch ihre Kärtchen nicht her. Jeder Kommissar der Gruppe B weiß nun, welchen Mitspieler der Gruppe A er beschatten soll. Die Kommissare der Gruppe B müssen herausfinden, welcher Tat sich die Täter der Gruppe A schuldig gemacht haben. Zu diesem Zweck schreibt jeder Täter seine Tat mit Orts- und Zeitangabe auf einen Papierstreifen und zerschneidet diesen in die einzelnen Wörter. Die einzelnen Wörter heftet er sich mit Stecknadeln auf verschiedene Teile seines Gewandes. Nun gehen alle Mitspieler im Raum umher. Die Kommissare versuchen unauffällig, die Wörter am Körper ihres Täters zu lesen. Wenn sie es geschafft haben, nehmen sie den Täter fest, indem sie ihm die Tat auf den Kopf auswendig zusagen können. Der Täter kann den Kommissar zum Ausscheiden bringen, indem er dem Kommissar mitteilt, daß er vermutet, von ihm beschattet zu werden.

BEISPIEL

Ich habe am 18. Juni in der Wienerstraße ein Juweliergeschäft ausgeraubt.

REFLEXION

Hast du schon einmal etwas angestellt, wo du längere Zeit Angst vor Entdeckung hattest? Wie kannst du mit Mißtrauen, das dir entgegengebracht wird, umgehen? Wie kannst du mit Fehlern umgehen? Fällt es dir schwer, „Sünden" zuzugeben? Wem kannst du Fehler anvertrauen? Welche Fehler und Vergehen würdest du auf keinen Fall wagen zu gestehen?

ROLLENSPIEL

- Du gestehst einem Freund eine üble Tat. Dieser will dich überreden, reinen Tisch zu machen. Du sollst deinen Eltern alles gestehen.
- In der Klasse ist eine Geldtasche gestohlen worden. Jeder verdächtigt jeden. Du hast das Gefühl, von einigen Mitschülern insgeheim verdächtigt zu werden.
- Du hast den dringenden Verdacht, daß ein bestimmter Mitschüler deiner Klasse an der Schmieraktion auf der Schulhausmauer beteiligt war.

WEITERSPIELEN

E 7.5.9 *Die Beschuldigung*
E 7.5.5 *Wilde Tiere*
E 7.4.4 *Prüfungsangst*
E 7.4.9 *Bruder hilf!*
E 7.4.10 *Versteinert – erlöst*
F 6.1.9 *Wahrheit und Lüge*
F 6.1.10 *Gerüchte über Personen*
F 6.2.1 *Du schätzt mich ein*
F 6.2.2 *Du beobachtest mich beim Spiel*
F 6.2.4 *Du wirst erfragt*
F 6.2.5 *Was ist gleich an dir und mir*
F 7.5.9 *Warenhausdetektiv*
F 7.5.10 *Agentenspiel*
F 7.5.11 *Verfolgungsjagd*

WIR-SPIELE   Aggressionsspiele

7.5.7 Kampflinie

ZIELE

Aggressionsabbau und Aggressionsverzicht
Imponiergehabe durchschauen
Machtausübung durch Schutz in der Gruppe
Körper- und Bewegungserfahrung
Bewegungskoordination und Kooperation in der Gruppe
Mit Nähe und Distanz experimentieren

SPIELABLAUF

Jeder Mitspieler wählt sich einen Partner und stellt sich ihm gegenüber auf der anderen Seite des Raumes auf. So entstehen zwei einander gegenüberstehende Kampflinien. Jede Kampflinie hat nun einige Minuten Zeit, sich einen rhythmischen Kampfschritt auszumachen und diesen einzuüben. Der Kampfschritt kann noch durch rhythmisches Händeklatschen und durch rhythmische Laute unterstützt werden.
Nun bewegen sich die beiden Kampflinien aufeinander zu. Kampflinie A macht ein paar Schritte in ihrem Rhythmus und bleibt dann stehen. Als Antwort geht nun die Kampflinie B nach vorne und bleibt nach ein paar Schritten stehen. Nun marschiert wieder A los. Schließlich stehen die beiden Gruppen ganz eng voreinander. Dann bewegen sie sich wieder abwechselnd durch rhythmisches Rückwärtsgehen auseinander.

VARIANTEN

- Eine Kleingruppe steht einer Übermacht gegenüber.
- Ein Paar und schließlich ein Einzelner steht einer Übermacht gegenüber.
- Eine „Trommlergruppe" unterstützt die Kämpfer.
- Eine dritte Gruppe ist die Beobachtergruppe. Sie reflektiert dann über die Wirkung, die das Beobachten des Spiels auf sie hatte.
- Einzelne Beobachter stehen in der Raummitte zwischen den beiden Gruppen. Wie bedrohlich ist für sie die Situation?
- Die beiden Gruppen bewegen sich aufeinander zu, geleitet durch aggressive/neutrale/sanfte Musik. Dieses Spiel kann auch als entspannendes Spiel zum Abschluß gespielt werden.

HINWEIS

Um eine echte Gegnerschaft zu vermeiden, stehen einander jeweils zwei Partner, die einander mögen, gegenüber. Trotzdem entsteht durch die Formation, den Rhythmus, den Körper und Stimmeinsatz eine aggressive Stimmung, die uns Möglichkeit gibt, über Bedingungen zu reflektieren, die Aggressivität fördern können.

WEITERSPIELEN

E 7.5.8
Die Friedenssprache

E 7.5.6
Kriminalkommissar

E 7.2
Kooperationsspiele

E 7.5.4
Zeitlupenkampf

E 7.5.5
Wilde Tiere

E 8.1.8
Bilder bauen

F 7.5.6
Kriegstanz

F 7.5.7
Imponiergehabe der Streithähne

F 7.5.8
Spießrutenlauf

REFLEXION

Wie war der Unterschied in deinem Empfinden, als du in der Gruppe warst und als du dann alleine warst? Hast du dich wohl gefühlt oder war dir das Spiel unangenehm?
Kennst du Musik, die du als aggressiv empfindest?
Hast du im Fernsehen Szenen gesehen, bei denen eine ähnliche Situation gegeben war?
Wie wirkt auf dich das Anschauen von solchen Situationen?
Wie beeinflußt dich das Verhalten deiner neben dir stehenden Mitspieler?
Welche politische Gruppierungen prallen in Demonstrationen aufeinander?

ROLLENSPIEL

Journalisten (Radio) berichten live von dem Geschehen bei einer Demonstration.

WIR-SPIELE   Aggressionsspiele

7.5.8 Die Friedenssprache

ZIELE

Friedliches Verhalten nonverbal oder verbal zum Ausdruck bringen.
Körpersprache beobachten und verstehen
Gefühle und Absichten mittels Körpersprache ausdrücken
Zuneigung und Abneigung ausdrücken
Soziale Wahrnehmung schulen
Widersprüche zwischen Körpersprache und verbaler Aussage erkennen (Unehrliches Verhalten durchschauen)

SPIELABLAUF

Die Mitspieler erfinden eine Symbolsprache, um friedliche Absichten zu demonstrieren. Jede Vierergruppe bekommt die 16 Friedenskärtchen (siehe Kopiervorlage!). Sie sucht sich 4 Kärtchen aus, zu denen sie eine Zeichensprache erfinden will. Diese Körpersprache soll möglichst klar von einer Person dargestellt werden. Die anderen Gruppen versuchen zu erraten, was die darstellende Person ausdrücken will.

VARIANTEN

- Inkongruentes Verhalten:
  Ein Mitspieler zieht ein Friedenskärtchen, liest den Satz vor, drückt aber durch Mimik und Gestik etwas anderes aus.
- Die Mitspieler stellen Zeichnungen her, die die Sätze der Friedenskärtchen symbolisieren sollen. Mit diesen Kärtchen kann dann das „Friedenssprache"-Spiel gespielt werden.

REFLEXION

Wie hat dein Spielpartner auf dein Verhalten reagiert? Wodurch erkennst du friedliche Absichten? Kann man der Körpersprache blind vertrauen?

ROLLENSPIEL

- Der unerwünschte Gast.
- Zwei Kinder haben Streit miteinander. Da betritt der Vater den Raum. Um diesen nicht zu verärgern, bemühen sich beide, in dessen Anwesenheit friedliches Zusammensein zu spielen. Sobald er jedoch wieder den Raum verläßt, geht der Streit weiter.
- Zwei Schüler beklagen sich über ihren Lehrer. Sie sind der Meinung, daß er ungerecht, unsympathisch und zu streng ist. Da erscheint dieser und verwickelt die beiden in ein freundliches Gespräch. Nach dem Gespräch, als die beiden wieder alleine sind, schimpfen sie weiter.
- Anna und Theresa unterhalten sich darüber, daß sie Peter nicht leiden können. Da kommt Peter mit einer Tüte Pommes frites.

WEITERSPIELEN

E 7.5.9
Die Beschuldigung

E 7.5.7
Kampflinie

E 5.2.2
Schau, was ich kann

E 6.3
Mit dir zusammenarbeiten

E 7.2
Kooperationsspiele

E 7.4
Helferspiele

E 8.1
Statuenspiele

E 8.3
Pantomimisches Spiel

F 5.1.4
Der Körper zeigt Stimmung

F 6.2.2
Du beobachtest mich beim Spiel

F 7.5.6
Kriegstanz

F 7.5.7
Imponiergehabe der Streithähne

Kopiervorlage zu 7.5.8 „Die Friedenssprache"

SCHAU HER, ICH BIN NICHT BEWAFFNET!	**ICH TU KEINER FLIEGE ETWAS ZULEIDE.**	**KOMM UND HILF MIR BITTE!**	**ICH LEGE MEIN SCHICKSAL IN DEINE HAND.**
DU KANNST GEFAHRLOS NÄHER-KOMMEN.	**KOMM, ICH LADE DICH ZUM ESSEN EIN!**	**DICH WÜRDE ICH GERNE ZUM FREUND HABEN.**	**SEI BITTE FRIEDLICH!**
ICH VERTRAUE DIR.	**KOMM IN MEIN HAUS UND SEI MEIN GAST!**	**SIND WIR DOCH WIEDER GUT!**	**ICH RESPEKTIERE DICH.**
ICN BIN GUT AUFGELEGT.	**DU GEFÄLLST MIR.**	**SCHAU, ICH LEGE MEINE WAFFEN NIEDER!**	**ES IST PLATZ FÜR ALLE DA.**

WIR-SPIELE — Aggressionsspiele

7.5.9 Die Beschuldigung

ZIELE

Außenseitertum und böse Gerüchte spüren
Mit Ablehnung und Bewunderung umgehen
Nähe und Distanz spüren

Auf Ungerechtigkeit reagieren
Mit Schuldgefühlen umgehen

SPIELABLAUF

Die Mitspieler stehen im Kreis. Ein Freiwilliger geht langsam innen den Kreis entlang. Während er an ihnen vorbeigeht, flüstern die Mitspieler einander eine schlimme Verdächtigung zu.

BEISPIELE

„Er ist der Dieb! Er ist der Dieb!" „Er ist schuld daran! Er ist schuld daran!"

HINWEIS

Am Beginn soll der Freiwillige ein Kind sein, das in der Klasse beliebt ist, und das nicht zu leicht aus der Fassung zu bringen ist.

VARIANTEN

- Bewunderung ertragen: „Er ist der Beste!" oder „Sie ist schön!"
- Beachtung ertragen: „Hier kommt Susi!" (Auch als Vorübung zum Spiel „Die Beschuldigung" geeignet.)

REFLEXION

Welche der drei Varianten war dir am unangenehmsten? War dir die Bewunderung angenehm? Warum kann auch Bewunderung unangenehm sein? Warum ist die Wirkung im Spiel geringer als in der Realität? Hast du dich schon einmal von anderen Leuten verdächtigt oder beschuldigt gefühlt? Wie kann man eine solche Situation bewältigen? Wer könnte dich unterstützen? Auf wen könntest du zählen? Läßt du dich leicht bei Gerüchten mitreißen?

ROLLENSPIEL

- Anklage und Verteidigung: Die eine Hälfte der Mitspieler spielt die Ankläger, die andere Hälfte findet gegen jeden Satz der Anklage Gegenargumente und entlastende Fakten.
- Auftritt eines berühmten Stars: Interview
- Pressekonferenz eines Politikers/Stars/Verbrechers
- Szenenfolge: Verhaftung durch die Polizei auf offener Straße – Volksgemurmel – Menge vor dem Gerichtssaal – Anklage, Verteidigung – Verurteilung – Pressekonferenz

---

WEITERSPIELEN

E 7.5.10 Schwellenangst
E 7.5.8 Die Friedenssprache
E 6.1.1 Namen weiterflüstern
E 7.4.1 Das Helfermemory
E 7.4.2 Das Trösterspiel
E 7.4.3 Das Helferspiel
E 7.4.4 Prüfungsangst
F 7.5.2 Wahlkampf
F 7.5.4 Bedrohungskreis
F 7.5.5 Gedränge
F 7.5.6 Kriegstanz
F 7.5.8 Spießrutenlauf
F 7.5.10 Warenhausdetektiv
F 6.1.10 Gerüchte über Personen
F 7.4 Beziehungsspiele

WIR-SPIELE — Aggressionsspiele

7.5.10 Schwellenangst

ZIELE

Angst beim Betreten eines unbekannten Raumes abbauen
Angst vor fremden Gruppen abbauen
Soziale Wahrnehmung schulen
Selbstbewußtes Auftreten trainieren
Distanz ertragen
Ablehnung ertragen

SPIELABLAUF

Ein Mitspieler wird, ohne daß er über den weiteren Spielverlauf aufgeklärt wird, aus dem Raum geschickt. Die anderen Mitspieler beschließen, daß sie ihn, wenn er den Raum betritt, in allem, was er tut, nachäffen werden. Der Mitspieler betritt erwartungsvoll den Raum. Er ist vorerst verunsichert durch das passive Verhalten der Mitspieler. Das Spiel endet meist damit, daß er fragt, was los ist. Dadurch, daß die anderen Mitspieler seine Fragen nachäffen, bemerkt er bald den Spielauftrag der Gruppe.

VARIANTE

Der Mitspieler, der draußen war, wird ignoriert. Die anderen kümmern sich nicht um ihn. Sie gehen ihm aus dem Weg, beantworten keine Fragen.

HINWEIS

Dieses Spiel dient als Grundlage für die folgende Reflexion. Der Freiwillige gibt uns Auskunft über seine Gefühle. Es soll also ein Freiwilliger ausgewählt werden, von dem der Spielleiter erwarten kann, daß er großes Selbstvertrauen hat, mit seinen Gefühlen gut umgehen und diese auch sprachlich gut formulieren kann.
Beim Betreten von Räumen, in denen sich bereits mehrere Menschen befinden, hat man oft das unbestimmte subjektive Gefühl, daß man als einziger Mensch ein Fremdkörper in diesem Raum sei. Diese Vorstellung ist jedoch übertrieben. Häufig kennen die Anwesenden einander nur vom Sehen, nur durch oberflächlichen Gesprächskontakt, oder haben einander ebensowenig Beachtung wie dem Eintretenden geschenkt.

REFLEXION

Wie hast du dich draußen gefühlt, bevor du hereingerufen wurdest? Welche Erwartungen hattest du? Wie hast du uns wahrgenommen, als du den Raum betreten hast? Welche Vermutungen hattest du?
Welche Gefühle hättest du vielleicht gehabt, wenn du uns nicht kennen würdest?
Warst du schon einmal in einer ähnlichen Situation?
Wie kann es im Alltag zu ähnlichen Situationen kommen?
Wie kann man im Alltag in solchen Situationen reagieren?

WEITERSPIELEN

E 7.5.11
Geisterbahn

E 7.5.9
Die Beschuldigung

E 6.2
Dich wahrnehmen

E 7.1.3
Begrüßungsspiele

E 7.1.4
Begrüßung am Morgen

E 7.2
Kooperationsspiele

E 7.3.3
Viele Fragen an den Neuen

E 7.3.5
Informationen für den Neuen

E 7.4.8
Wir helfen dem Schwächsten

F 6.2
Dich wahrnehmen

F 7.2.1
Wir hängen alle zusammen

F 7.3.5
Blindenbillard

F 7.4
Beziehungsspiel

WIR-SPIELE — Aggressionsspiele

7.5.11 Geisterbahn

ZIELE

Mit Angst vor Aggressionen umgehen
Aggressionsabbau und Aggressionsverzicht üben
Faires Verhalten gegenüber den „blinden" Mitspielern zeigen
Vertrauen auf Fairneß vertiefen
Wahrnehmung schulen

SPIELABLAUF

Die Gruppe teilt sich in eine Geistergruppe und in eine Besuchergruppe. Ängstlichen Spielern wird empfohlen, sich zuerst der Geistergruppe anzuschließen.
Die Geister stellen sich so im Raum (einzeln oder in Kleingruppen) auf, daß ein Geisterbahnparcours entsteht. Die Besucher bilden Paare. Ein Besucher führt nun den anderen, der die Augen geschlossen hat, durch den Parcours. Die Geister heulen plötzlich los, seufzen, schimpfen, drohen, zupfen, stoßen. Grobheiten müssen jedoch vermieden werden. Ängstliche Spieler machen zuerst den Blindenführer, bevor sie sich selber blind führen lassen.

VARIANTEN

- Geschicklichkeitsparcours: Ein Blindenführer führt einen Blinden über Hindernisse (Tische, Stühle, Schultaschen). Diese Übung kann auch als Vorübung zum Geisterbahnspiel eingesetzt werden.
- Prinzessin in der Geisterbahn: Drei Führer umgeben die Prinzessin bei der Wanderung durch die Geisterbahn. Sie versuchen sanft, den ärgsten Schrecken von der Prinzessin fernzuhalten.

REFLEXION

Warst du ängstlich oder belustigt? Warum bist du erschrocken? Gab dir dein Führer Sicherheit? Gab es unfaire Geister?
Was erschreckt dich besonders? Machte den Geistern ihre Rolle Spaß? Was erschreckt dich im Alltag? Willst du einen Angsttraum erzählen?
Kennst du Menschen, die Vergnügen daran haben, andere zu erschrecken?

ROLLENSPIEL

- Als im Keller das Licht ausging
- Unerlaubter Besuch im alten Schloß
- Alleine zu Hause in der Nacht
- Als ich die Geister das Fürchten lehrte

WEITERSPIELEN
E 7.5.12
Vampir-Spiel
E 7.5.10
Schwellenangst
und alle Weiterspielvorschläge von Spiel E 7.5.12

| WIR-SPIELE | Aggressionsspiele |

7.5.12 Vampir-Spiel

WEITERSPIELEN

E 7.5.13
Wolf im Schafspelz

E 7.5.11
Geisterbahn

E 7.5.5
Wilde Tiere

E 7.5.1
Tiere im Urwald

E 6.2.6
Du berührst mich

E 7.1.3
Begrüßungsspiel

E 7.3.1
Das Aufweckspiel

E 7.3.4
Hier bin ich

E 7.4.5
Das Hilfeschreispiel

E 7.4.11
Das Schmerzschreispiel

E 7.4.9
Bruder hilf!

F 7.1.6
Das Goofy-Spiel

F 7.3.5
Blindenbillard

F 7.5.4
Bedrohungskreis

F 7.5.10
Agentenspiel

F 7.5.11
Verfolgungsjagd

ZIELE

Angst vor Aggressionen abbauen
Schreie als Angstbewältigung erkennen

SPIELABLAUF

Alle Mitspieler gehen blind durch den Raum. Einem Mitspieler tippt der Spielleiter unauffällig auf die Schulter. Dieser Mitspieler weiß nun, daß er der Vampir ist. Er geht blind weiter. Sobald er einem Mitspieler begegnet, legt er diesem die Hände an den Hals. Dieser „Gewürgte" gibt einen markerschütternden Schrei von sich. Er ist nun auch ein Vampir, der blind umhergeht, Opfer würgt und diese dadurch zu Vampiren macht. Begegnen einander zwei Vampire, so erkennen sie einander daran, daß sie einander würgen. Würgen zwei Vampire einander, so stoßen sie einen erlösten Seufzer aus. Sie sind nun keine Vampire mehr, können aber nun wieder jederzeit zu Opfern werden.

HINWEIS

Kein Spiel für schwache Nerven! Nach diesem Spiel ist ein Spiel zum Abreagieren günstig – etwa ein Bewegungsspiel mit Musik (siehe 7.1 „Aufwärmspiele"!).

REFLEXION

Hast du dich schon vor dem ersten Kontakt mit dem Vampir gefürchtet? Wie haben die plötzlichen Schreie in der Umgebung auf dich gewirkt? War dein eigenes Schreien für dich erleichternd? Wie war die Rolle des Täters (Vampirs) für dich? Konntest du dich im weiteren Verlauf des Spiels an den Schrecken gewöhnen?
Was im Alltag könnte dich ebenso erschrecken?
Wie kannst du dich dagegen schützen?
Gibt es in der Schule Situationen, vor denen du dich fürchtest?
Kann aus einem Opfer auch ein Täter werden?
Gibt es Situationen, in denen du dich wie gelähmt fühlst?

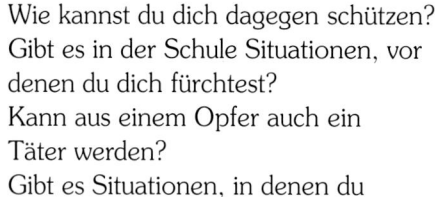

7.5.13 Wolf im Schafspelz

ZIELE

Mit Angst, Mißtrauen und Aggressionen umgehen
Außenseitertum thematisieren
Mißtrauen als Beeinträchtigung des Gruppengefühls erleben
Integration

SPIELABLAUF

Alle Mitspieler sitzen im Sesselkreis und haben die Augen geschlossen. Der Spielleiter tippt einem Mitspieler unauffällig auf die Schulter. Dieser Mitspieler weiß nun: Er ist der Wolf im Schafspelz. Der Spielleiter ruft nun: „Alle Schafe auf die Weide!" Alle Mitspieler gehen im Kreis auf allen Vieren umher. Plötzlich gibt sich der „Wolf im Schafspelz" zu erkennen. Er ruft: „Ich bin der Wolf!" und schlägt die Schafe ab. Diese flüchten auf die Stühle. Dort sind sie in Sicherheit. Wer abgeschlagen wurde, fällt tot um.

REFLEXION

Welches Geühl hatte der Wolf, welches hatten die Schafe? Was ist der Unterschied?
In welchen Alltagssituationen gibt es auch „getarnte Böse"?
Gibt es Menschen, bei denen du das Gefühl hast, daß sie etwas verbergen?
Gibt es Menschen, zu denen du mehr Vertrauen hast, als zu anderen Menschen?
Wodurch entsteht Vertrauen?
Welchen Einfluß hat gleiches Aussehen, gleiche Kleidung, gleiches Auftreten auf das Vertrauen?

ROLLENSPIEL

- Du hast mein Vertrauen mißbraucht!
- Wenn ich gewußt hätte, daß du so ein Schwindler bist, hätte ich dir nie mein Vertrauen geschenkt!
- Du hast das Geheimnis, das ich dir anvertraut habe, verraten!
- Wir haben doch gestern ausgemacht, daß keiner von uns dem Lehrer die ungerechte Strafarbeit bringt. Warum hast du unsere Abmachung gebrochen?
- Begegnung im Park mit einem fremden Mann, der zwar sehr nett zu sein scheint, aber . . .

WEITERSPIELEN
E 7.5.12
Vampir-Spiel
und alle Weiterspielvorschläge von Spiel E 7.5.12

8 Spielmethoden

8.1 Statuenspiel

8.1.1 *Versteinerte Heinzelmännchen*

ZIELE

Einstieg in das Spiel mit Skulpturen
Mit Angst vor dem Ertapptwerden umgehen
Mit falschen Verdächtigungen umgehen
Mit Verboten umgehen

SPIELANLEITUNG

Die Heinzelmännchen huschen in den Raum. Sie beginnen pantomimisch sofort mit der Arbeit. Sie putzen und werken, räumen zusammen und transportieren Gegenstände. Da ruft einer: „Der Meister kommt!" Sofort erstarren alle und lauschen. Ein Mitspieler rät nun, bei welcher Tätigkeit die einzelnen Heinzelmännchen erstarrt sind. Dann arbeiten die Heinzelmännchen wieder weiter. Es muß wohl nur die Katze des Meisters gewesen sein, die gehört wurde. Doch – nach einiger Zeit hört man wieder ein verdächtiges Geräusch.

VARIANTE

Als im Spielzeugladen um Mitternacht das Spielzeug lebendig wurde.

REFLEXION

In welcher Alltagssituation hattest du einmal Angst, ertappt zu werden?
Wurdest du einmal ungerecht verdächtigt, etwas Böses im Schild zu führen oder etwas Böses vorgehabt zu haben?

ROLLENSPIEL

- Ich wollte doch nur . . .
- Nein, das glaube ich dir nicht!
- Du hast hier gar nichts zu suchen!
- Der verbotene Spielplatz

WEITERSPIELEN

E 8.1.2 *Figurenwerfen*
E 8.2 *Märchenspiel*
E 8.3 *Pantomimisches Spiel*
E 7.1.4 *Begrüßung am Morgen*
E 7.4.10 *Versteinert – erlöst*
E 7.5.9 *Die Beschuldigung*
F 8.1 *Spiel mit Skulpturen*
F 5.1.4 *Der Körper zeigt Stimmung*
F 6.1.8 *Das Geheimnisspiel*
F 6.1.10 *Gerüchte über Personen*
F 7.5.9 *Warenhausdetektiv*

SPIELMETHODEN | Statuenspiel

8.1.2 Figurenwerfen

WEITERSPIELEN

E 8.1.3
Versteinern

E 8.1.1
Versteinerte Heinzelmännchen

E 8.3
Pantomimisches Spiel

E 7.4.10
Versteinert – erlöst

E 6.3
Mit dir zusammenarbeiten

E 7.4.11
Das Schmerzschreispiel

F 8.1
Spiel mit Skulpturen

ZIELE

Kooperation und Partnerschaft spüren
Körpergefühl erfahren
Aggressionsverzicht üben
Vertrauen aufbauen

SPIELABLAUF

Ein altbekanntes Kinderspiel ist das Figurenwerfen. Dazu ist genügend Platz vonnöten, um Verletzungen zu vermeiden. Ein Spielerpaar hält einander an den Händen und dreht sich schnell wie ein Ringelspiel im Kreis. Sobald sie einander loslassen, kommen sie zum Stehen und versteinern. Wer von den beiden macht die eigenartigere Figur? Die Zuschauer können ihre Meinung dazu abgeben, wie: „Du siehst jetzt aus, wie ein Seiltänzer", oder: „Du stehst da, als ob du vor jemandem eine Verbeugung machen würdest."

HINWEIS

Die beiden Mitspieler sind füreinander verantwortlich, daß keiner von beiden zu Sturz kommt oder sich wo anschlägt.

8.1.3 Versteinern

ZIELE

Einstieg ins Spiel mit Skulpturen
Aufwärmen in der Gruppe
Kommunikation und Kontakt aufbauen
Optische Wahrnehmung schulen
Körpererfahrung und Bewegung

SPIELABLAUF

Die Mitspieler bewegen sich zur Musik im Raum. Bei Musikstopp versteinern sie. Um die Bewegungen intensiver werden zu lassen, sollen die Mitspieler den ganzen Körper einsetzen. Sie sollen die Arme auch über die Körpermitte bewegen. Nach dem Versteinern sagen die Mitspieler dem Mitspieler, der gerade in ihrer Blickrichtung versteinert dasteht, welchen Eindruck er in seiner versteinerten Körperhaltung macht.
Beispiele: „Du stehst da, als ob du gerade vor etwas davonlaufen würdest."
„Du siehst aus, als ob du einen Freudentanz machen würdest."

WEITERSPIELEN

E 8.1.4
Statuenpaare

E 8.1.2
Figurenwerfen
und alle Weiterspielvorschläge von Spiel 8.1.2

| SPIELMETHODEN | Statuenspiel |

8.1.4 Statuenpaare

ZIELE

Rollenklischees erkennen
Konfliktherde erkennen
Problemlösungen spielen
Soziale Wahrnehmung schulen
Partnerbeziehung festigen

SPIELABLAUF

Jedes Paar schreibt auf einen Zettel zwei Personen, die in der Regel oft paarweise im Alltag zu sehen sind.

BEISPIELE

Zwei Krankenträger, Schaffner und Fahrgast, Mutter und Kind, zwei Boxer, zwei Ringer, Lehrer und Schüler, Herrl und Hund, Polizist und Verkehrssünder.
Alle Zettel werden eingesammelt, jedes Paar bekommt nun einen anderen Zettel, liest ihn durch und legt ihn auf einen Tisch. Nun stellt jedes Paar die auf dem Zettel angegebene Figur als Statue dar. Die anderen suchen aus den Zetteln den zutreffenden heraus.

VARIANTEN

- Die Zuschauer geben dem Statuenpaar einen Zusatzauftrag.
  Beispiel: Schaffner und Fahrgast. Der Fahrgast ist ein Schwarzfahrer.
- Versteinert – erlöst: Ein dritter Mitspieler ruft „Erlöst!", worauf Bewegung in die Statue kommt. Die beiden Statuenfiguren können nun miteinander sprechen, können miteinander oder einzeln weggehen, sich verabschieden usw. Ruft der dritte Mitspieler „Versteinert!", so erstarren die beiden wieder in der momentanen Körperhaltung. So kann das Spiel immer wieder in Gang gebracht und gebremst werden.

REFLEXION

Was bedeutet der Begriff Rollenklischee? Kennt ihr Paare im Alltag, von denen ihr glaubt, daß sie sich immer einig sind?
Welche Konflikte könnten trotzdem bei diesen Paaren passieren?
Was sagst du dazu: „Gegensätze ziehen einander an"?

ROLLENSPIEL

- Jedes Paar ist sich uneinig.
- Jedes Paar ist ein Herz und eine Seele. Sie loben einander, machen einander Versprechungen und Komplimente.

WEITERSPIELEN

E 8.1.5
Schaufensterpuppen

E 8.1.3
Versteinern

E 8.2.1
Märchenfigurenpaare

E 8.3
Pantomimisches Spiel und alle Weiterspielvorschläge von Spiel 8.1.2

| SPIELMETHODEN | Statuenspiele |

8.1.5 Schaufensterpuppen

ZIELE

Körperkontakt mit Aggressionsverzicht üben
Körpererfahrung
Soziale Wahrnehmung schulen
Optische Wahrnehmung schulen
Kooperation

SPIELABLAUF

Es bilden sich Gruppen von vier bis acht Spielern. Ein Mitspieler ist der Schaufensterdekorateur. Er schleppt seine Puppen ins Schaufenster, stellt sie dort auf, biegt ihren Rumpf, die Beine und Arme mehrmals zurecht, verdreht den Kopf, richtet die Hände, damit sie eventuell etwas halten können. Einzelne Puppen können einander auch berühren oder Paare bilden.

Der Dekorateur muß bei seiner Schaufenstergestaltung eine bestimmte Art von Geschäft im Auge haben, z. B.: Wintersport, Strand- oder Spielwaren.

Die anderen Mitspieler versuchen zu erraten, um welche Art von Geschäft es geht und was die einzelnen Puppen zeigen sollen.

REFLEXION

War es schwierig, die Puppen zu transportieren und zurechtzubiegen?
Wie ist der Dekorateur mit den Puppen umgegangen?
War er grob oder sanft?

HINWEIS

Je weniger der Dekorateur die Sprache verwendet, um die Puppen so hinzukriegen, wie er sie haben will, umso besser hat er seine Aufgabe gelöst.

WEITERSPIELEN

E 8.1.6
Wachsfigurenkabinett

E 8.1.4
Statuenpaare

E 5.3.3
Den Raum verändern

E 6.2.2
Du formst mich

E 7.2
Kooperationsspiele

F 8.1
Spiel mit Skulpturen

F 5.1.4
Der Körper zeigt Stimmung

F 6.2
Dich wahrnehmen

F 7.2
Kooperationsspiele

F 7.4
Beziehungsspiele

SPIELMETHODEN — Statuenspiele

8.1.6 Wachsfigurenkabinett

ZIELE

Körperkontakt aufnehmen
Körpererfahrung
Soziale Wahrnehmung schulen
Spontane Problemlösungen spielen
Optische Wahrnehmung schulen
Kooperation

SPIELABLAUF

Ein Modelleur baut Szenen aus dem Alltag im Wachsfigurenkabinett auf. Jeder Mitspieler schreibt zuerst auf einen Zettel, was er bauen möchte. Die Zettel werden vermischt auf einen Tisch gelegt. Nun baut jeder mit der von ihm benötigten Personenzahl die Szene auf. Es können turbulente Szenen, wie bei einem Banküberfall, aber auch ruhige Szenen, wie in einem Kaffeehaus, dargestellt werden. Die anderen Mitspieler versuchen zu erraten, was gebaut wurde, indem sie den richtigen Zettel suchen.

ROLLENSPIEL

Plötzlich passiert ein Mißgeschick! Die Personen werden lebendig. Das Unglück nimmt seinen Lauf. Personen geraten aneinander. Da ruft der Modelleur „Versteinert!" und alles erstarrt im Spiel. Der Modelleur stellt nun mit den Wachsfiguren dar, wie das Ende der Geschichte aussieht.

REFLEXION

War die Problemlösung des Modelleurs realistisch, originell oder witzig? War es die einzige Möglichkeit? War es eine friedliche oder brutale Lösung?

WEITERSPIELEN

E 8.1.7
Der Fotograf

E 8.1.5
Schaufensterpuppen und alle Weiterspielvorschläge von Spiel E 8.1.5

SPIELMETHODEN — Statuenspiele

8.1.7 Der Fotograf

ZIELE

Familienstrukturen kennenlernen
Rollenklischees erkennen
Die eigene Rolle in der Familie erkennen

Optische Wahrnehmung schulen
Körpererfahrung

SPIELABLAUF

Der Fotograf bittet die Familienmitglieder, sich zum Familienfoto aufzustellen. Er hat mehrere Möglichkeiten, die von ihm gewünschte Aufstellung, Körperhaltung und Mimik zu erreichen. Er gibt verbale Anweisungen, oder geht zu den Personen hin, um sie zurechtzurücken.
Auf das Kommando „Bitte lächeln!" erstarren alle. Erst wenn er „Danke!" sagt, sind die Personen erlöst. Jetzt strömt die Familie plaudernd auseinander. Aber, ach du Schreck, der Fotograf hat vergessen, die richtige Belichtung einzustellen. Also müssen sich noch einmal alle ganz gleich wie vorhin aufstellen. Weiß jeder noch, neben wem er gestanden ist, und wie er dort gestanden ist?

VARIANTEN

- Eine Gruppe ist das Foto. Sie stellt sich im Abstand von etwa vier Metern spiegelbildlich auf.
- Einzelne Mitspieler lassen ihre eigene Familie vom Fotografen ablichten. Diese Mitspieler bestimmen jedoch selber, wer neben wem zu stehen hat. Jedes Familienmitglied soll in einer für ihn typischen Pose dastehen, sodaß es beim Betrachten des Fotos zum Ausruf: „Das ist ja wieder einmal typisch!" kommt. Die Familie wird auch am nächsten Tag fotografiert. Aber da gab es gerade vorher Streit in der Familie. Dafür ist das Foto vom übernächsten Tag ein Gruppenfoto, das während eines fröhlichen Ausflugs gemacht wurde.

REFLEXION

Wie sieht meine Familie aus? Wen möchte ich auf dem Familienfoto haben? Was können die anderen Mitspieler auf dem Familienfoto erkennen? Welche Unterschiede gibt es zwischen den Familien?
Ist mein Vater in allem gleich wie andere Väter? Wie ist meine Mutter? Was ist für sie typisch? Was mag ich an meinen Eltern? Wie komme ich mit meinen Geschwistern aus? Was macht meine Familie fröhlich? Wie kann es in meiner Familie zu Streit kommen? Wer kann in unserer Familie am besten Konflikte friedlich bewältigen?

ROLLENSPIEL

Streit über den Sonntagsausflug

WEITERSPIELEN

E 8.1.8
Bilder bauen

E 8.1.5
Schaufensterpuppen

F 8.1.4
Familienskulpturen und alle Weiterspielvorschläge von Spiel E 8.1.5

SPIELMETHODEN — Statuenspiele

8.1.8 Bilder bauen

ZIELE

Probleme und Konflikte veranschaulichen
Problembewußtsein und soziale Wahrnehmung stärken
Optische Wahrnehmung schulen
Körpererfahrung
Kooperation

SPIELABLAUF

Die Mitspieler haben den Auftrag, aus Illustrierten Bilder herauszusuchen, auf denen Menschen in schwierigen Situationen dargestellt sind. Auch in Leseheften sind „Problembilder" zu finden. In Kleingruppen werden die Bilder in Skulpturtechnik nachgebaut. Die anderen Mitspieler suchen das richtige Bild unter den anderen heraus.

REFLEXION

Was stellt das Bild dar? Was ist vorher passiert? Wie könnte die Situation ausgehen?

WEITERSPIELEN

E 8.1.9
Bildgeschichten in Dia-Technik

E 8.1.7
Der Fotograf und alle Weiterspielvorschläge von Spiel E 8.1.5

8.1.9 Bildgeschichten in Dia-Technik

ZIELE

Probleme und Konflikte veranschaulichen
Problembewußtsein und soziale Wahrnehmung stärken
Optische Wahrnehmung schulen
Körpererfahrung
Kooperation

SPIELABLAUF

Jede Kleingruppe sucht sich eine Bildgeschichte aus dem Sprachbuch oder aus einem Leseheft. Nun werden die einzelnen Bilder gebaut. Das erste Bild wird den Zuschauern in Statuentechnik gezeigt, ein Erzähler kann das Bild kommentieren. Dann ruft er „Vorhang zu!" und die Zuschauer schließen die Augen. Die Darsteller verändern ihre Aufstellung, Körperhaltung und Mimik und versteinern zum zweiten Bild. Der Erzähler ruft nun „Vorhang auf!", worauf die Zuseher wieder die Augen öffnen. So wird die ganze Diaserie vorgeführt.

VARIANTE

Märchen, Sagen, Bilderbücher werden in dieser Technik vorgeführt.

HINWEIS

Dia-Technik ist eine sehr einfache Form des Theaterspiels, die kaum zu einer Überforderung der „Schauspieler" führen kann.

ROLLENSPIEL

Aufarbeitung von aktuellen Konflikten und Geschehnissen.

WEITERSPIELEN

E 8.1.8
Bilder bauen

E 8.2
Märchenspiel und alle Weiterspielvorschläge von Spiel E 8.1.5

SPIELMETHODEN — Märchenspiel

8.2 Märchenspiel

8.2.1 *Märchenfigurenpaare*

ZIELE

Paare bilden
Gegensatzpaare finden

SPIELABLAUF

Es werden Spielerpaare gebildet. Jeder Mitspieler erhält einen Zettel. Auf diesen Zettel schreibt der eine eine Märchenfigur, die „gut" ist. Der Partner schreibt auf seinen Zettel eine Märchenfigur aus dem gleichen Märchen, die als Widersacher der „guten" Figur auftritt.

Beispiele von „Plus-Minus-Paaren":

Hänsel – Hexe	Dornröschen – dreizehnte Fee
Müllerstochter – Rumpelstilzchen	Geißlein – Wolf
Gestiefelter Kater – Zauberer	Aschenbrödel – Stiefmutter
Goldmarie – Pechmarie	Schneewittchen – Stiefmutter
Schneeweißchen – bärtiger Zwerg	Rotkäppchen – Wolf

Dann werden auf anderen Zetteln positive Paare gebildet.

Beispiele von „Plus-Plus-Paaren":

Hänsel – Gretel	Dornröschen – Prinz
Müllerstochter – Königssohn	Geißlein – Geiß
Gestiefelter Kater – Müllerssohn	Aschenbrödel – Prinz
Goldmarie – Frau Holle	Schneewittchen – der siebente Zwerg
Schneeweißchen – Bär	Rotkäppchen – Großmutter

VARIANTEN

- Sucht aus dem Alltag positive und negative Paare!
- Welche Paare treten im Kasperltheater auf?

REFLEXION

Gibt es Märchen, in denen nur positive Figuren vorkommen? Gibt es Personengruppen, in denen niemand negative Eigenschaften hat?

ROLLENSPIEL

Spielt kurze Szenen, in denen positive oder negative Paare im Alltag auftreten!

WEITERSPIELEN

E 8.2.2
Eigenschaften von Märchenfiguren

E 8.1.4
Statuenpaare

E 5.1.5
Die gute Fee

E 6.3.7
Zwei Zwillinge

E 8.1.1
Versteinerte Heinzelmännchen

F 8.1.1
Versteinerte Paare

| SPIELMETHODEN | Märchenspiel |

8.2.2 Eigenschaften von Märchenfiguren

ZIELE

Personen und Eigenschaften in Verbindung bringen
Sprachkompetenz erweitern
Soziale Wahrnehmung steigern
Positive und negative Beziehungen darstellen
Gegensätze erkennen

SPIELABLAUF

Die Märchenpaar-Zettel werden nun paarweise in der Kreismitte aufgelegt. Welche Märchen sind das?
Welche Eigenschaften ordnen wir den Figuren zu?

BEISPIELE

hartherzig, fleißig, unerschrocken, habgierig, . . .
Die Plus-Minus-Paar-Kärtchen werden gemischt und verteilt. Jeder sucht seinen Partner.

VARIANTEN

- Jeder sucht seinen Partner. Er kann diesen jedoch nur an einer für diese Person und für dieses Märchen typischen Äußerung erkennen. Sobald zwei Plus-Minus-Partner einander gefunden haben, beginnen sie zu streiten.
- Nach anfänglichem Streit vertragen sie sich. Nun werden die Plus-Plus-Zettel verwendet. Die beiden Partner suchen einander. Sie finden einander durch für diese Märchenfigur typische Aussagen. Sie freuen sich, einander gefunden zu haben und besprechen ihre Zukunftspläne.
- Wieder suchen und finden sich Plus-Plus-Paare. Nach anfänglicher Freude beginnen sie zu streiten.

REFLEXION

Was fiel dir leicht, darzustellen? Kannst du besser positive oder negative Personen darstellen? Welcher der vier Dialoge war für dich am spannendsten?

HINWEIS

In der Regel ist für die meisten Mitspieler der Plus-Plus-Dialog voller Harmonie am langweiligsten. Das kann uns auch erklären, warum die negativen Gegenspieler für uns das Märchen lebendig machen. Besonders spannend wird eine Geschichte, wenn zwei Freunde plötzlich aneinandergeraten, oder wenn gar ein Freund zum Bösewicht wird, wie es im folgenden Spiel ausprobiert wird.

WEITERSPIELEN

E 8.2.3
Märchenfiguren ändern sich

E 8.2.4
Soziales Rollenspiel mit Märchen

E 5.3.17
Klangeigenschaften sammeln

F 5.3
Wie bin ich

F 6.2
Dich wahrnehmen

F 7.1.1
Rufen, fragen, erzählen

8.2.3 Märchenfiguren ändern sich

ZIELE

Emotionale Wahrnehmung
Vorurteile abbauen
Kreativität
Soziale Anpassung und soziale Wünschbarkeit
Aggressives Verhalten spielen

SPIELABLAUF

Jeder bekommt einen Zettel wie in Spiel 8.2.1. Wer einen positiven Zettel erhalten hat, soll sich nun einen negativen, für die Zuhörer völlig unerwarteten Satz ausdenken, den diese Person sagen könnte. Diejenigen die einen negativen Zettel erhalten haben, sollen einen positiven Satz sagen.

BEISPIELE

Schneewittchen sagt: „Die Zwerge sind ganz schön blöd, daß sie mich bei ihnen wohnen lassen."
Die Hexe sagt: „Eigentlich tun mir die beiden Kleinen leid. Ich überlaß ihnen mein Bett, während ich mich in den Gänsestall lege."
Die Mitspieler erraten die Eigenschaft, die die Märchenfigur nun plötzlich hat.

REFLEXION

Ist jede Person immer gut oder immer nur böse?
Welche Vorurteile haben wir?
Wodurch entstehen Vorurteile?
Welches Aussehen, welche Berufe, welche anderen Merkmale leiden unter Vorurteilen?

VARIANTE

Jeder Mitspieler soll eine vom Spielleiter für alle gestellte Aufgabe lösen: Der Spielleiter nennt einen Begriff, der ein Gefühl ausdrückt. Jeder Mitspieler soll für seine Märchenfigur, ob gut oder böse; einen Ausspruch überlegen, der dieses Gefühl ausdrückt (auch eine Hexe kann einmal traurig sein).

ROLLENSPIEL

Die Mitspieler erfinden darauf in Kleingruppen Märchen, in denen zwar die gleichen Personen, aber mit anderen Eigenschaften und mit anderen Gefühlen vorkommen. Zwangsläufig wird sich auch die Handlung ändern.

WEITERSPIELEN

E 8.2.4
Soziales Rollenspiel mit Märchen

E 8.2.2
Eigenschaften von Märchenfiguren und alle Weiterspielvorschläge von Spiel E 8.2.2

8.2.4 Soziales Rollenspiel mit Märchen

ZIELE

Umgang mit verschiedenen menschlichen Eigenschaften und Gefühlen:
Ängsten, Mitleid, Reue
Umgang mit dem kindlichen Gewissen
Eltern-Kind-Beziehung durchleuchten
Vorurteile abbauen
Aggressionsabbau
Soziale Wahrnehmung
Einblick in dramatische Prozesse

SPIELABLAUF

Ein Märchen wird in mehrere Szenen zerlegt. Jede Szene bekommt einen Satz, der darin vorkommt, als Überschrift.

BEISPIEL

Hänsel und Gretel
1. Vater: „Wir haben nichts mehr zu essen. Wir lassen die Kinder im Wald."
2. Hänsel: „Du brauchst keine Angst zu haben, ich habe Brotkrumen gestreut."
3. Gretel: „Sieh nur, da drüben ist ein Haus, wer da wohl wohnt?"
4. Hexe: „Kommt nur herein, ihr habt nichts zu fürchten."
5. Hexe: „Mach Ordnung im Haus, und fege die Stube!"
6. Hänsel und Gretel: „Die Hexe ist tot."
7. Vater: „Bin ich froh, daß ihr wieder da seid."

Nun übernehmen die Kinder in Viergruppen Rollen. Bei jeder Gruppe gibt es folgende Personen: Vater, Mutter, Hexe, Hänsel, Gretel (wer die Mutter spielt, spielt hier auch die Hexe).
Es bilden sich Gruppen von Gleichgesinnten. Der Vater trifft im Wald beim Holzfällen andere Väter, die auch ihre Kinder kaum ernähren können. Die Mutter trifft beim Beerensuchen andere Mütter, die die gleichen Sorgen wie sie haben. Die Kinder besprechen ihr Schicksal mit Kindern, die auch Angst davor haben, in den Wald geschickt zu werden. Bei der Behandlung der zweiten Szene kann Gretel in mehreren Ichs auftreten: als ängstliche Gretel, als übermütige Gretel, als zuversichtliche Gretel, als einfältige Gretel. Welche Ichs könnte Hänsel haben? Genauso könnte die dritte Szene behandelt werden.
Bei der vierten Szene könnten im Hintergrund die Eltern (als mahnendes Gewissen) auftauchen und immer wieder ihren Kommentar zum Geschehen abgeben.
In der fünften Szene könnte Gretel die Widerspenstige spielen und die Hexe könnte versuchen, Mitleid zu heischen.
In der sechsten Szene könnten Hänsel und Gretel zwischen Freude, Reue und Mitleid

schwanken. Vielleicht erscheint ihnen der Geist der Hexe? In der siebten Szene kehren Hänsel und Gretel als Erwachsene zum Vater zurück. Sie sehen das Ganze nun aus anderer Sicht.

REFLEXION

Wie weit war euch im Spiel das Gespräch mit den Gleichgesinnten eine Hilfe? Ausgestattet mit welchen Eigenschaften, fühltet ihr euch am wohlsten? Wie weit hat euch das Gewissen beeinflußt? Wer hatte mit wem Mitleid? Gibt es Figuren in dem Märchen, denen es immer gut ging? Warum konnten Hänsel und Gretel zum Schluß ihre Freude nicht ungetrübt genießen? Was ist der Unterschied in der Sichtweise von Situationen zwischen Erwachsenen und Kindern? In welchen Alltagssituationen erleben Menschen heute ähnliches?

VARIANTEN

- Jeder Szene wird ein Begriff zugeordnet.
  Beispiel:

  1. Szene: Vertrauensverlust
  2. Szene: Angst, Beruhigung
  3. Szene: Hoffnung, Vorsicht
  4. Szene: Hinterlist
  5. Szene: Ausbeutung
  6. Szene: Erleichterung
  7. Szene: Wiedersehensfreude, Reue

- Jede Gruppe spielt eine Szene, in der einer dieser Begriffe im Alltag eine wichtige Rolle spielt.

- Jeder Szene wird eine soziale Situation als Begriff zugeordnet.
  Beispiel:

  1. Szene: Armut von Familien
  2. Szene: Bruder und Schwester
  3. Szene: Kinder in unbekannter Umgebung
  4. Szene: Unbekannte Leute
  5. Szene: Kinderarbeit
  6. Szene: Todesfall
  7. Szene: Loslösung der Kinder vom Elternhaus

- Jede Gruppe spielt eine Szene mit einer derartigen Alltagssituation.

ROLLENSPIEL

Versuch einer zeitgenössischen Fassung des Märchens.

SPIELMETHODEN — Märchenspiel

WEITERSPIELEN

E 8.2.3
Märchenfiguren ändern sich und alle Weiterspielvorschläge von Spiel E 8.2.2

HINWEIS

Bei der von mir hier angegebenen Methode sehe ich den Zugang zum Märchen als Soziologe und als Mittel zum sozialen Lernen. Es dient mir nicht zur Analyse der Persönlichkeit einzelner Kinder. Ich bearbeite auch nicht frühkindliche Probleme damit. Ich verwende es für das soziale Verständnis in der Gegenwart und in der Zukunft dieser Kinder. Selbstverständlich sind nicht nur die klassischen Märchen für diese Methode geeignet. Viele andere – auch moderne, sowie Bilderbücher – können auf diese Weise unsere Spielgrundlage sein. Das Märchen bietet mir jedoch den Vorteil, bereits allen Kindern bekannt zu sein.

Selbstverständlich wage ich mich nicht an die Arbeitsweise eines Erich Franzke vor (Franzke E., Märchen und Märchenspiel in der Psychotherapie, Bern 1991).

Von ihm jedoch fühle ich mich ermuntert, in pädagogischem Sinn Märchen für meine Arbeit als Lehrer zu verwenden und den Kindern Veränderungen zu erlauben.

8.3 Pantomimisches Spiel

ZIELE

Kreativität
Konzentration auf Mimik, Gestik, Körperhaltung und Position im Raum als soziale und emotionale Informationsträger
Nonverbale Kommunikationskompetenz erreichen
Interpretation von nonverbalem Verhalten
Ausdrücken von Gefühlen, Gedanken, Absichten, Eigenschaften und Einstellungen
Körpererfahrung und kontrollierte Bewegung

SPIELABLAUF

Viele der in den vorangegangenen Kapiteln vorgeschlagenen Spiele können pantomimisch, das heißt ohne Sprache und Requisiten, gespielt werden.
Das hat den Vorteil, daß sprachlich benachteiligte Schüler die gleichen Chancen haben, der Nachteil ist, daß hyperaktive Kinder oftmals nicht die nötige Ruhe für die langsamen, kontrollierten Bewegungen haben. Umso mehr können Fortschritte auf diesem Bereich für solche Kinder von Bedeutung sein.

Beispiele für Vorübungen zum pantomimischen Rollenspiel:

- Aus einer Schachtel pantomimisch ein Geschenk herausnehmen: An der Handhabung und am Gesichtsausdruck des Spielers erraten die anderen das Geschenk.
  Von einem Tablett werden Speisen und Getränke genommen und konsumiert.
- Maskenwerfen:
  Ein Mitspieler schneidet eine Grimasse, fährt sich mit der Hand über das Gesicht, womit er die Maske abnimmt. Er wirft sie mit einer Handbewegung einem anderen Mitspieler im Sitzkreis zu. Dieser fängt die Maske, setzt diese mit einer Handbewegung auf, verändert sie und wirft die neue Maske wieder jemandem zu.
- Pantomimische Kette:
  Vier Mitspieler verlassen den Raum. Die anderen vereinbaren eine Handlung, die pantomimisch dargestellt werden soll. Der erste der vier Wartenden wird hereingerufen. Ohne daß er vorerst weiß, was die ihm vorgeführte pantomimische Handlung bedeuten soll, schaut er interessiert zu.
  Selbstverständlich interpretiert er die Handlung. Nun ruft er den nächsten herein und führt diesem vor, was er vorhin beobachtet hat. Nun kommt der nächste und dann der letzte dran. Der letzte fragt, was die Handlung darstellen soll.

BEISPIELE

Baby wickeln, einen Fahrradschlauch reparieren,…

ROLLENSPIEL

Überprüfen Sie die Rollenspielvorschläge in den anderen Kapiteln auf die Möglichkeit ihrer Darstellung und Veranschaulichung mittels pantomimischen Spiels!

WEITERSPIELEN

E 6.2.3
Du spiegelst mich

E 7.5.4
Zeitlupenkampf

E 7.5.8
Die Friedenssprache

E 8.1
Statuenspiel

F 5.1.4
Der Körper zeigt Stimmung

F 7.5.7
Imponiergehabe der Streithähne

Stichwortverzeichnis

Abhängigkeit 6.3.4, 7.4.1, 7.4.4, 7.4.8 bis 7.4.10, 7.4.12, 7.4.13, 8.1.2
Abneigung 5.1.4, 5.1.5, 7.5.7, 7.5.8 bis 7.5.10
Aggression 5.3.11, 5.3.13, 6.2.2, 7.1.4, 7.3.4, 7.4.8, 7.4.11, 7.5.1, 7.5.2, 7.5.4, 7.5.5, 7.5.7, 7.5.8, 7.5.11 bis 7.5.13
Aggressionsabbau 5.3.13, 7.1.4, 7.2.3, 7.4.5, 7.4.11, 7.5.2 bis 7.5.5, 7.5.7, 7.5.11 bis 7.5.13
Aggressionsverzicht 6.2.2, 7.1.3, 7.3.1, 7.3.4, 7.4.5, 7.4.8, 7.5.1, 7.5.3, 7.5.4, 7.5.5, 7.5.7, 7.5.8, 7.5.11, 8.1.2, 8.1.6
Akustische Wahrnehmung 5.3.7 bis 5.3.12, 7.3.4, 7.4.4
Angeberei 5.2.1, 7.3.5, 7.5.2, 7.5.4, 7.5.7
Angst 7.4.4, 7.4.8, 7.5.1, 7.5.9 bis 8.1.1
Auffordern 6.1.7, 7.4.7, 7.4.12
Aufwärmen 5.1.2, 5.3.11, 6.3.5, 7.1.1 bis 7.1.4, 7.4.5, 7.4.11, 8.1.3
Aufwecken 7.3.1
Außenseiter 7.4.2, 7.5.9, 7.5.10, 7.5.13

Behinderung 5.2.1, 5.2.2, 7.4.8
Begrüßung 7.1.3, 7.1.4
Benehmen 7.1.4, 7.5.8
Beobachtung 6.2.3, 6.2.4, 7.3.1, 7.3.2, 7.5.8, 8.1.2 bis 8.1.8
Berührung 6.2.2, 6.2.5, 6.2.6, 7.3.1, 7.3.4, 7.4.5, 7.4.7, 7.4.9 bis 7.4.11, 7.5.1, 7.5.3, 7.5.11, 8.1.5, 8.2.3
Beschuldigung 7.5.9
Bewegung 5.1.2, 6.3.3, 6.3.5, 6.3.6, 6.3.8, 7.1.1, 7.1.2, 7.4.5, 7.4.9, 7.4.11 bis 7.4.13, 7.5.1, 7.5.2, 7.5.4, 7.5.7, 8.1.2, 8.1.3, 8.3

Beziehung 5.3.2, 5.3.4, 6.1.1 bis 7.4.14
Bilder 8.1.8, 8.1.9
Blindheit 7.3.1, 7.3.2, 7.3.4, 7.5.11, 7.5.12

Distanz 6.3.5, 7.5.7, 7.5.9, 7.5.10
Du-Beziehung 6.1.1 bis 6.3.8

Ehrlichkeit 5.2.1, 7.3.3, 7.3.5, 7.4.4, 7.5.8
Eigenbild 5.1.1, 7.3.3, 7.3.5
Eigenschaften 5.3.11, 7.3.3, 8.3
Einfühlungsvermögen 6.2.5, 6.2.6, 6.3.5, 7.3.1, 7.3.5, 7.4.1 bis 7.4.3, 7.4.6, 7.4.12, 7.5.1, 7.5.8, 7.5.9, 8.1.8, 8.2.2

Fairneß 6.3.8, 7.5.4, 7.5.11, 8.1.2
Flexibilität 7.4.2, 7.4.3
Formen 5.3.5, 6.2.2
Fragen 7.3.3, 7.3.5, 7.4.2, 7.4.4
Freigiebigkeit 5.1.3
Frieden 7.5.8
Führen 6.2.3, 6.3.5, 7.4.13

Gebärden 8.3
Gedächtnis 5.1.2, 5.1.3, 5.3.3 bis 5.3.5
Geduld 7.2.8, 7.4.11, 7.4.12, 7.5.4, 8.1.5
Gefühle 7.1.4, 7.5.2, 7.5.8, 7.5.9, 8.3
Geheimnisse 6.1.1, 7.3.3, 8.1.1
Gegensätze 5.3.5, 7.3.2, 7.3.3, 7.4.13, 7.5.7, 8.1.4
Gegenstände 5.3.5, 7.4.6, 7.4.12, 8.3
Gemeinsamkeit 5.1.4, 6.3.1 bis 6.3.8, 7.1.2, 7.3.2, 7.3.3, 7.4.5, 7.4.8, 7.4.14, 7.5.7, 8.1.4
Geräusche 5.3.7, 5.3.8
Geschenke 5.1.3, 5.3.10
Geschicklichkeit 6.3.2, 6.3.4 bis 6.3.6, 6.3.8, 7.2.8

Gespräch 7.3.3, 7.3.5, 7.4.2, 7.4.13, 7.5.3, 7.5.8, 8.1.3
Gewissen 7.5.6, 8.1.1
Gruppengefühl 5.3.1, 7.1.2 bis 7.1.4, 7.2.1, 7.3.1, 7.3.2, 7.3.5, 7.4.4 bis 7.4.6, 7.4.8 bis 7.4.10, 7.4.12, 7.4.14, 7.5.1, 7.5.3, 7.5.5, 7.5.7, 7.5.13, 8.1.1, 8.1.5, 8.1.6, 8.2.1

Helfen 7.2.7, 7.4.1 bis 7.4.9, 7.4.11, 7.4.12
Hemmungen 7.1.1 bis 7.1.4, 7.5.3, 7.5.10

Integration 6.1.7, 6.3.3, 7.2.1, 7.2.7, 7.3.1 bis 7.3.4, 7.4.2, 7.4.8 bis 7.4.10, 7.5.1, 7.5.13

Kennenlernen 5.1.1 bis 5.2.2, 6.1.1 bis 6.2.6, 7.1.1, 7.3.1 bis 7.3.3, 7.3.5
Klischees 8.1.4, 8.2.2
Kommunikation 6.1.1 bis 7.2.8, 7.3.1 bis 7.3.5, 7.4.1 bis 7.4.3, 7.4.5 bis 7.4.7, 7.4.11, 7.4.12, 7.4.14, 7.5.1, 7.5.3, 7.5.8, 7.5.10, 8.1.3, 8.1.4, 8.2.1, 8.2.2, 8.3
Konkurrenz 7.4.4, 7.5.2, 7.5.4, 7.5.7
Kontakt 5.1.2, 5.3.4 bis 5.3.6, 5.3.11, 5.3.12, 6.1.1 bis 7.3.5, 7.4.1 bis 7.4.3, 7.4.5, 7.4.7, 7.4.9 bis 7.4.12, 7.5.1, 7.5.3, 7.5.8, 7.5.10, 8.1.3, 8.1.5, 8.2.3
Konzentration 5.3.1 bis 5.3.12, 6.2.3, 7.2.2, 7.3.4, 8.1.1, 8.2.3, 8.3
Koordination 6.3.3 bis 6.3.6
Kooperation 6.2.1 bis 6.3.8, 7.2.1 bis 7.2.8, 7.4.1, 7.4.8 bis 7.4.10, 7.4.12, 7.4.13, 7.5.10, 8.1.2, 8.1.4 bis 8.1.6, 8.2.1, 8.2.3

Stichwortverzeichnis

Körpererfahrung 5.3.1 bis 5.3.12, 6.2.2, 6.2.3, 6.2.5, 6.2.6, 6.3.2, 6.3.5, 6.3.6, 7.2.5 bis 7.2.7, 7.3.1, 7.4.12, 7.5.1, 7.5.2, 7.5.4, 7.5.7, 8.1.2, 8.1.3, 8.1.5, 8.1.6, 8.2.2, 8.3
Kreativität 5.1.5, 5.3.3, 6.1.3, 6.1.7, 6.3.4 bis 6.3.6, 7.1.3, 7.3.1, 7.4.3, 7.4.6, 7.4.7, 7.4.12, 7.4.14, 7.5.3, 7.5.8, 8.1.2, 8.1.3, 8.1.5, 8.1.6, 8.2.1, 8.2.3, 8.3

Lärm 5.3.7 bis 5.3.12, 7.2.2, 7.2.3, 7.3.4, 7.4.5, 7.5.7, 7.5.11, 7.5.12
Leistung 5.2.1, 5.2.2, 6.3.2 bis 6.3.4, 6.3.8, 7.2.1 bis 7.2.8, 7.4.4, 7.4.13, 7.5.2, 7.5.4
Lernen 5.3.10, 7.4.4, 7.4.13, 7.4.14
Lockerung 6.2.5, 7.1.1, 7.1.2
Lügen 5.2.1, 7.3.3, 7.4.4, 7.5.8, 7.5.13

Macht 7.2.6, 7.2.7, 7.4.4, 7.4.8, 7.4.9
Merken 5.1.2, 5.3.4 bis 5.3.12, 6.1.4, 7.1.1, 7.3.4
Musik 5.3.9 bis 5.3.12, 6.3.5, 7.1.1, 8.1.3

Nähe 6.1.1 bis 6.1.4, 6.2.1 bis 7.2.1, 7.3.1, 7.3.4, 7.5.1, 7.5.5, 7.5.7, 7.5.9, 8.2.2, 8.2.3

Optische Wahrnehmung 5.1.1, 5.3.1 bis 5.3.3, 6.1.6, 6.2.1 bis 6.2.4, 6.3.1, 6.3.7, 7.3.2, 7.4.12, 7.5.8, 8.1.2 bis 8.1.8, 8.2.2, 8.2.3

Paarbildung 5.3.4, 5.3.12, 6.2.1 bis 6.3.8, 7.4.1, 7.4.2, 7.4.9, 7.4.10, 7.4.13, 8.1.2, 8.2.2
Partnerschaft 6.1.2 bis 6.3.8, 7.2.1 bis 7.3.5, 7.4.1, 7.4.2, 7.4.9 bis 7.4.13, 7.5.3, 8.1.2, 8.1.4

Positives Denken 5.1.5
Problembewußtsein 7.3.5, 7.4.2, 7.4.3, 8.1.4, 8.1.6, 8.1.8, 8.2.1 bis 8.2.3
Prüfung 7.4.4

Rücksicht 6.3.1, 6.3.5, 6.3.8, 7.1.2, 7.3.1, 7.3.4, 7.5.1, 8.2.3

Schnelligkeit 5.1.2, 6.3.4, 7.2.4, 7.4.5, 7.4.9, 7.4.10, 7.4.13, 7.5.2, 7.5.4
Schuldgefühl 7.5.6, 7.5.9, 8.1.1
Schule 7.4.4, 7.4.6, 7.4.14
Schutz 7.4.9 bis 7.4.11, 7.5.5, 7.5.7, 7.5.9, 7.5.11
Schwächen 5.2.1, 7.3.3, 7.3.5, 7.4.2, 7.4.3, 7.4.8, 7.4.9, 7.5.2, 7.5.4
Schwellenangst 7.3.1 bis 7.3.4, 7.5.1, 7.5.10
Selbsterfahrung 5.1.1 bis 5.2.2, 5.3.1, 6.2.1 bis 6.2.6, 7.4.13, 7.5.6, 7.5.9, 7.5.10, 7.5.13
Selbstwertgefühl 5.2.1, 5.2.2, 6.3.4, 7.2.4 bis 7.2.8, 7.4.4, 7.5.2, 7.5.10
Siegen 6.3.4, 7.2.7, 7.4.1, 7.4.8, 7.4.13, 7.5.2, 7.5.4
Solidarität 7.2.1, 7.2.6, 7.2.7, 7.3.2, 7.4.1 bis 7.4.3, 7.4.6, 7.4.8, 7.4.10, 7.4.11, 7.5.7
Soziale Wahrnehmung 5.2.2, 6.3.7, 7.1.4, 7.3.2, 7.3.3, 7.4.1 bis 7.4.3, 7.4.6, 7.5.8, 7.5.10, 8.1.4, 8.1.8, 8.2.1, 8.2.2, 8.3
Spaß 5.3.3, 6.3.1 bis 6.3.7, 7.1.1 bis 7.2.8, 7.4.3, 7.4.5, 7.4.7 bis 7.4.11, 7.5.1 bis 7.5.4, 7.5.12, 7.5.13, 8.1.1, 8.1.2, 8.3

Taktile Wahrnehmung 5.3.4, 5.3.5, 6.2.6, 7.3.1, 7.5.1
Toleranz 5.2.1, 6.3.8, 7.2.8, 7.4.2, 7.4.12, 7.4.13, 7.5.3
Trösten 7.4.2, 7.4.3, 7.4.6

Veränderung 5.1.5, 5.3.3, 6.2.2, 6.2.3, 6.3.8, 8.1.5

Verlieren 5.2.1, 6.3.8, 7.2.7, 7.4.1, 7.4.8, 7.4.10, 7.4.13, 7.5.2, 7.5.4
Vertrauen 5.2.1, 6.1.1, 6.2.2, 6.2.5, 6.2.6, 6.3.1 bis 6.3.8, 7.3.1 bis 7.3.4, 7.4.1, 7.4.2, 7.4.5, 7.4.8, 7.4.11, 7.5.1, 7.5.3, 7.5.8, 7.5.11, 7.5.13, 8.1.2
Verzicht 5.1.3
Vorstellen 5.1.1 bis 5.2.2, 6.2.1, 7.1.1 bis 7.1.4, 7.3.3, 7.3.5
Vorurteile 7.4.2, 8.1.4

Wettbewerb 5.2.1, 6.3.4, 6.3.8, 7.2.7, 7.4.4, 7.4.13, 7.5.2, 7.5.4
Wünsche 5.1.3, 7.3.5, 7.4.6, 7.4.14

Zuneigung 7.1.3, 7.1.4, 7.3.1, 7.4.2, 7.4.5 bis 7.4.7, 7.4.9 bis 7.4.12, 7.5.3, 7.5.8

Bücher zum Weiterlesen

amnesty international: Spiele zur Werterziehung. Linz 1988.

Barter, Nicholas: Theater-Spielbuch für Kinder. Ravensburg: Maier 1981.

Baer, Ulrich: Lernziel: Liebesfähigkeit, Band 1 und 2, Akademie Remscheid, 1988

Baer, Ulrich: Remscheider Diskussionsspiele. Akademie Remscheid, 1987

Ballinger, Erich: Ich mach' mein eigenes Buch. Wien: Ueberreuter 1990

Brüggebors Gela: Körperspiele für die Seele. Hamburg: Rowohlt 1989.

Chapman, A. H.: Die verräterischen Spiele der Kinder. Ravensburg: Maier 1974.

Cohn, Ruth C.: Von der Psychoanalyse zur themenzentrierten Interaktion. Stuttgart: Klett-Cotta 1981.

Daublebsky, Benita: Spielen in der Schule. Stuttgart: Klett 1976

Emge, Trude: Spiel doch mit! Linz: Veritas 1988.

Figge, Peter: Lernen durch Spielen. Heidelberg: Quelle und Meyer 1975.

Franzke, Erich: Märchen und Märchenspiel in der Psychotherapie. Bern: Huber 1991.

Fritz, Jürgen: Methoden des sozialen Lernens. München: Juventa 1981.

Goetze, Herbert/Jaede, Wolfgang: Die nicht-direktive Spieltherapie. Frankfurt: Fischer 1988.

Griesbeck, Josef: Spiele für Gruppen. München: Don Bosco 1990

Gudjons, Herbert: Spielbuch Interaktionserziehung. Bad Heilbrunn/Obb.: Klinkhardt 1987.

Hamblin, Kay: Pantomime. Pittenhart-Oberbrunn: Ahorn 1985.

Keysell, Pat: Pantomime für Kinder. Ravensburg: Maier 1977.

Kramer, Michael: Das praktische Rollenspielbuch. Gelnhausen: Burckhardthaus 1983.

Lang, Hans Georg: Soziale Spiele. Tübingen: Katzmann 1984.

Lowndes, Betty: Erstes Theaterspielen mit Kindern. Ravensburg: Maier 1979.

Nickel, Hans: Spiel mit Kindern – Theater mit Kindern. Stuttgart: Thienemanns 1974.

Petermann, Franz/Petermann, Ulrike: Training mit aggressiven Kindern. München: Psychologie Verlags Union 1990.

Rabenstein, Reinhold/Reichel, René: Großgruppen-Animation. Linz: Arbeitsgemeinschaft für Gruppenberatung 1982.

Reichel, Gusti/Rabenstein, Reinhold/Thanhoffer, Michael: Bewegung für die Gruppe. Linz: Arbeitsgemeinschaft für Gruppenberatung 1982.

Seidel, Günter/Meyer, Walter: Spielmacher, Band I und II. Hamburg: Erziehung und Wissenschaft 1975.

Spielkartei der Katholischen Jungschar der Diözese Linz: Linz 1978

Tiemann, Klaus: Planspiele für die Schule. Frankfurt: Hirschgraben 1978.

Vopel, Klaus: Interaktionsspiele für Kinder. Hamburg: ISKO-Press 1980.

Vopel, Klaus: Interaktionsspiele für Jugendliche. Hamburg: ISKO-Press 1981.

Warns, Else: Die spielende Klasse. Gelnhausen: Burckhardthaus 1981.

Woelfel, Ursula: Du wärst der Pienek. München: Neidhard, Anrich 1973.

Zeitschrift: „in sachen spiel und feier" Weinheim: Höfling-Verlag.

Mit Freude _leichter_ lernen!

In praxisorientierten Spielen ...

... wie Aggressionsspielen, Bewegungs-, Partner- und Rollenspielen Probleme aufgreifen, erkennen und bewältigen. Eine wertvolle Hilfe für Kinder, das ICH, das DU und die GRUPPE zu verstehen.

Badegruber, Bernd
Spiele zum Problemlösen, Band 2
für Kinder im Alter von 9 bis 15 Jahren
120 Seiten, 21 x 24 cm
geb., sw-Grafiken
ISBN 3-7058-0548-7

Mehr als 60 Geschichten ...

... aus dem Alltag der Kinder werden in kindgemäßer Form erzählerisch verarbeitet. So können ErzieherInnen auf ihre Kinder eingehen.

Badegruber, Bernd / Pirkl, Friedrich
Geschichten zum Problemlösen
Für Kindergarten, Schule und Zuhause
112 Seiten, 21 x 24 cm
geb., sw-Grafiken
ISBN 3-7058-0014-0

Praxisorientierte Hilfe ...

... für LehrerInnen, die die oft „graue Theorie" des offenen Lernens in ihrem Unterricht umsetzen wollen.

Badegruber, Bernd
Offenes Lernen ... und es funktioniert doch!
53 Pannenhilfen
120 Seiten, 21 x 24 cm,
brosch., sw-Grafiken
ISBN 3-7058-0818-4

Sinnerfassendes Lesen ...

... lernen anhand von über hundert Spielen mit Büchern, Lesekärtchen und Alltagstexten, die gemeinsam mit der ganzen Klasse oder auch alleine gespielt werden können.

Badegruber, Bernd / Pucher-Pacher, Johann
Auf ins Leseland
Spiele zum sinnerfassenden Lesen
104 Seiten, 21 x 24 cm
geb., sw-Grafiken
ISBN 3-7058-0733-1

Diese praktischen Bücher können Sie gleich jetzt bestellen:

Rufen Sie einfach an, schicken Sie ein Fax oder ein E-Mail!
Tel. 0043/(0)732/77 64 51/280, Fax: 0043/(0)732/77 64 51/239
E-Mail: veritas@veritas.co.at

VERITAS

Mit Freude leichter lernen!

Mehr Spaß beim Unterrichten ...

... mit Interaktionsspielen, pantomimischen Spielen, Rollenspielen, Bewegungsspielen, Gruppen- und Partnerspielen, Karten- und Würfelspielen zu 30 Themenkreisen.

Badegruber/Pucher-Pacher
Let's play with English!
Gruppenspiele für den Englischunterricht
der 6- bis 12-Jährigen
104 Seiten, 21 x 24 cm,
geb., sw-Grafiken
ISBN 3-7058-5313-9

Mehr Spaß an Mathematik ...

... mithilfe von Alltagsgegenständen, Geschichten, Reimen, Rollenspielen, Würfeln, Spielkarten und Gruppenspielen.

Badegruber/Pucher-Pacher
Auf ins Rechenland
Spielend Mathematik erleben·ab 6 Jahren
104 Seiten, 21 x 24 cm,
geb., sw-Grafiken
ISBN 3-7058-5032-6

Mehr Spaß ...

... durch das Arbeiten mit ungewöhnlichen Materialien, originellen Techniken und dadurch oft überraschenden Ergebnissen.

Merz, Martin
Kreativ mit Form & Farbe
Zeichnen, malen, drucken, gestalten
mit Kindern ab 6
104 Seiten, 21 x 24 cm,
brosch., Farb- u. sw-Fotos, Grafiken
ISBN 3-7058-0659-9

Praxisorientierte Hilfe ...

... für LehrerInnen, die die oft „graue Theorie" des offenen Lernens in ihrem Unterricht umsetzen wollen.

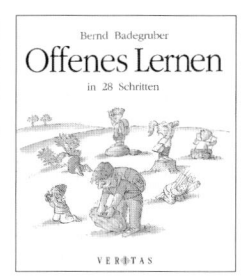

Badegruber, Bernd
Offenes Lernen
in 28 Schritten
96 Seiten, 21 x 24 cm,
brosch., sw-Grafiken
ISBN 3-85329-982-2

Diese praktischen Bücher können Sie gleich jetzt bestellen:

Rufen Sie einfach an, schicken Sie ein Fax oder ein E-Mail!
Tel. 0043/(0)732/77 64 51/280, Fax: 0043/(0)732/77 64 51/239
E-Mail: veritas@veritas.co.at

VERITAS